中国科协产业技术路线图丛书
中国科学技术协会 / 主编

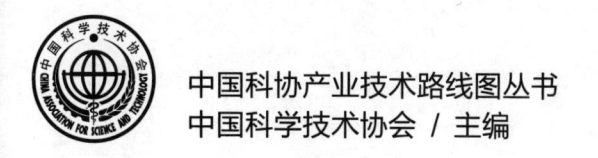

车路协同自动驾驶
产业技术路线图

中国公路学会　编著

中国科学技术出版社
·北　京·

图书在版编目（CIP）数据

车路协同自动驾驶产业技术路线图 / 中国科学技术协会主编；中国公路学会编著 . -- 北京：中国科学技术出版社，2024.6

（中国科协产业技术路线图丛书）

ISBN 978-7-5236-0695-7

Ⅰ.①车… Ⅱ.①中… ②中… Ⅲ.①汽车驾驶 – 自动驾驶系统 – 汽车工业 – 产业发展 – 研究 – 中国 Ⅳ.① F426.471

中国国家版本馆 CIP 数据核字（2024）第 090148 号

策　　划	刘兴平　秦德继
责任编辑	赵　佳
封面设计	菜花先生
正文设计	中文天地
责任校对	焦　宁
责任印制	徐　飞

出　　版	中国科学技术出版社
发　　行	中国科学技术出版社有限公司
地　　址	北京市海淀区中关村南大街 16 号
邮　　编	100081
发行电话	010-62173865
传　　真	010-62173081
网　　址	http://www.cspbooks.com.cn

开　　本	787mm×1092mm　1/16
字　　数	150 千字
印　　张	8.25
版　　次	2024 年 6 月第 1 版
印　　次	2024 年 6 月第 1 次印刷
印　　刷	河北鑫兆源印刷有限公司
书　　号	ISBN 978-7-5236-0695-7 /F·1251
定　　价	48.00 元

（凡购买本社图书，如有缺页、倒页、脱页者，本社销售中心负责调换）

本书编委会

顾问组 傅志寰　翁孟勇　周海涛　周　伟　王云鹏　李克强
　　　　　张进华　张延川

专家组 乔　云　陈山枝　石晓辉　公维洁　胡延明　李晓龙
　　　　　张　杰

编写组 芮一康　李林恒　郑　元　段秀琴　林子欢　陆文琦
　　　　　易紫薇　冒培培　吴任飞　蒋俊锋　周　致　安博成
　　　　　赵　妍　王　灿　马浩展　罗开杰

序

习近平总书记深刻指出，要积极培育新能源、新材料、先进制造、电子信息等战略性新兴产业，积极培育未来产业，加快形成新质生产力，增强发展新动能。产业是生产力变革的具体表现形式，战略性新兴产业、未来产业是生成和发展新质生产力的主阵地，对新旧动能转换发挥着引领性作用，代表着科技创新和产业发展的新方向。只有围绕发展新质生产力布局产业链，及时将科技创新成果应用到具体产业和产业链上，才能改造提升传统产业，培育壮大新兴产业，布局建设未来产业，完善现代化产业体系，为高质量发展持续注入澎湃动能。

中国科协作为党和政府联系科学技术工作者的桥梁和纽带，作为国家推动科学技术事业发展、建设世界科技强国的重要力量，在促进发展新质生产力的进程中大有可为也大有作为。2022年，中国科协依托全国学会的学术权威性和组织优势，汇聚产学研各领域高水平专家，围绕信息技术、生物技术、先进制造技术、现代交通技术、空天技术等相关技术产业，以及生命健康、新材料、新能源等相关领域产业，开展产业技术路线图研究，研判国内外相关产业的整体发展态势和技术演进变革趋势，提出产业发展的关键技术，制定发展路线图，探索关键技术的突破路径和解决机制，以期引导广大科技工作者开展原创性、引领性攻关，为培育新质生产力奠定技术基础。

产业技术路线图重点介绍国内外相关领域的产业与技术概述、产业技术发展趋势，对产业技术需求进行分析，提出促进产业技术发展的政策建议。丛书整体兼顾科研工作者和管理决策者的需要，有助于科研人员认清产业发展、关键技术、生产流程及产业环境现状，有助于企业拟定技术研发目标、找准创新升级的发展方向，有助于政府决策部门识别我国现有的技术能力和研发瓶颈、明确支持和投入方向。

在丛书付梓之际，衷心感谢参与编纂的全国学会、学会联合体、领军企业以及有关科研、教学单位，感谢所有参与研究与编写出版的专家学者。真诚地希望有更多的科技工作者关注产业技术路线图研究，为提升研究质量和扩展成果利用提出宝贵意见建议。

前　言

车路协同自动驾驶是汽车、电子、信息、通信、道路交通运输等行业深度融合的新型产业形态，会带来产业链、创新链和价值链的深刻革命，也将作为交通强国、智能汽车、新基建时代的产物，引领产业生态及商业模式的全面升级与重塑。发展车路协同自动驾驶技术，不仅能够提升汽车的网联化和智能化水平，实现自动驾驶，还能促进智能交通的发展和信息消费的增长。这对于中国来说，是推进新型基础设施建设、加速制造强国和网络强国的建设、加强交通强国的建设，以及实现经济高质量发展的重要举措。为此，中国公路学会自动驾驶工作委员会发起并牵头开展《车路协同自动驾驶产业技术路线图》的起草和编制工作。

本路线图系统梳理、更新、完善了车路协同自动驾驶的定义内涵、技术架构和相关技术的国内外发展现状，在对相关技术产业现状和发展趋势分析的基础上，制定了中国面向 2035 年和 2045 年的车路协同自动驾驶技术的发展目标、愿景与发展路径，根据预期目标可按照技术示范期、技术推广期、大规模应用期 3 个阶段，以期为中国的智慧交通及自动驾驶相关产业的可持续发展、快速转型升级提供决策参考依据。

目 录

第一章　绪论 /001
　　第一节　车路协同产业发展战略意义 /001
　　第二节　路线图研究范围及目标 /002
　　第三节　相关定义和技术架构 /002
　　第四节　车路协同自动驾驶发展过程 /006

第二章　车路协同整体系统 /007
　　第一节　发展现状和趋势分析 /007
　　第二节　预期目标 /014
　　第三节　实施路径 /015

第三章　智能路侧子系统 /018
　　第一节　子系统概述 /018
　　第二节　发展现状和趋势分析 /023
　　第三节　预期目标 /031
　　第四节　实现路径 /057

第四章　智能网联汽车子系统 /063
　　第一节　发展现状和趋势分析 /063
　　第二节　预期目标 /072

第五章　智能通信子系统　　　　　　　　　　　　　　/ 075
　　第一节　发展现状和趋势分析　　　　　　　　　　/ 075
　　第二节　预期目标　　　　　　　　　　　　　　　/ 079
　　第三节　实施路径　　　　　　　　　　　　　　　/ 084

第六章　智能支撑子系统　　　　　　　　　　　　　　/ 086
　　第一节　发展现状和趋势分析　　　　　　　　　　/ 086
　　第二节　预期目标　　　　　　　　　　　　　　　/ 092
　　第三节　实施路径　　　　　　　　　　　　　　　/ 104

第七章　未来的挑战　　　　　　　　　　　　　　　　/ 111
　　第一节　政策、法律法规、社会伦理　　　　　　　/ 111
　　第二节　行业技术标准与效能评价体系　　　　　　/ 112
　　第三节　共性基础技术创新及关键技术突破　　　　/ 113
　　第四节　金融服务体系　　　　　　　　　　　　　/ 113
　　第五节　生态圈建设　　　　　　　　　　　　　　/ 114

名词术语　　　　　　　　　　　　　　　　　　　　　/ 116

参考文献　　　　　　　　　　　　　　　　　　　　　/ 119

第一章

绪 论

第一节 车路协同产业发展战略意义

2019年9月，中共中央、国务院印发的《交通强国建设纲要》提出，到2035年，基本建成交通强国。同时，要求交通装备先进适用、完备可控，加强智能网联汽车（智能汽车、自动驾驶、车路协同）研发，形成自主可控完整的产业链。由于单车智能在复杂情况下具有局限性，要实现自动驾驶或无人驾驶，车路协同是基础，车路协同自动驾驶系统是实施自动驾驶创新驱动的新路径，将作为交通强国的重要支撑，对道路设施、运输服务、治理方式等道路交通各供给要素产生重要性的变革，成为在公路交通领域建成交通强国的关键点。

2020年2月，国家发展和改革委员会、工业和信息化部等11个部门联合印发的《智能汽车创新发展战略》指出，智能汽车已成为全球汽车产业发展的战略方向，中国拥有智能汽车发展的战略优势，产业体系完善，品牌质量逐步提升，关键技术不断突破。未来的主要任务包括：构建协同开放的智能汽车技术创新体系、跨界融合的智能汽车产业生态体系以及先进完备的智能汽车基础设施体系等，而突破关键基础技术、开展应用示范试点、推进智能化道路基础设施规划建设、建设广泛覆盖的车用无线通信网络（LTE-V2X等）是其中的重点工作。目前，多个城市推广铺设5G通信基础设施和车路协同专用测试场地，推动着车路协同自动驾驶快速发展。

2020年首次国务院常务会议提出出台信息网络等新型基础设施投资支持政策，"新基建"主要包含5G基建、特高压、城际高速铁路和城际轨道交通、新能源汽车充电桩、大数据中心、人工智能、工业互联网七大领域。然而，车路协同自动驾驶正处在5G、人工智能、交通、汽车工业、大数据中心等几大基础设施领域的交汇处，聚焦人、车、路、云一体化协同发展的车联网和车路协同应用也在国家政策和产业升级的共同驱动下，迎来了商用规模爆发的黄金时代。新基建将为自动驾驶和整个智能交通行业在中国市场的发展、落地创造前所未有的窗口期，行业的发展、科技化的进步又会反哺新基建进程，从而推进中国经济向智能化、科技引领的道路持续转型升级。

车路协同自动驾驶是汽车、电子、信息通信、道路交通运输等行业深度融合的新型产业形态。产业格局下的产业链、创新链和价值链，也将作为交通强国、智能汽车和新基建时代的产物，引领产业生态及商业模式的全面升级与重塑。因此，发展车路协同自动驾驶，有利于提升汽车网联化、智能化水平，实现自动驾驶，发展智能交通，促进信息消费，对中国推进新型基础设施建设，推动制造强国、网络强国、交通强国建设，实现高质量发展具有重要意义。

第二节　路线图研究范围及目标

本路线图系统梳理、更新、完善了车路协同自动驾驶的定义内涵、技术架构和相关技术的国内外发展现状，在对相关技术产业发展现状和发展趋势分析的基础上，制定了中国面向2035年和2045年的车路协同自动驾驶技术的发展预期目标、愿景与发展路径，以期为中国的智慧交通及自动驾驶相关产业的可持续发展、快速转型升级提供决策参考依据。

第三节　相关定义和技术架构

一、相关定义与分级

（一）车路协同自动驾驶系统

车路协同自动驾驶系统通过先进的车、路感知设备以及I2X（基础设施连接一切）和V2X（车辆连接一切）的信息交互对道路交通环境进行实时高精度感知，按照约定的通信协议和数据交互标准（网络互联化），涵盖不同程度的车辆自动化驾驶阶段（车辆自动化），考虑车辆与道路供需间不同程度的分配协同优化（系统集成化），从车辆自动化、网络互联化和系统集成化3个维度构建车路协同自动驾驶系统，进而高效协同地执行车辆和道路的感知、预测、决策和控制功能，最终形成一个能够整合、协调、控制、管理和优化所有车辆、信息服务、设施设备、智能化交通管理的以车路协同自动驾驶为核心的新一代智能交通系统。广义上，车路协同自动驾驶系统涵盖和整合了智能网联汽车系统与智能网联道路系统，智能网联汽车、车联网、主动交通管理系统、自动公路系统等均包含于车路协同自动驾驶系统。

（二）智能网联道路

智能网联道路是指为用户提供交通服务的物质和信息工程设施，是保证交通活动正常运行的公共服务系统，主要包括公路结构构造物（如路基、路面、桥涵、隧道等）、交通工程及沿线附属设施（如道路标志、标线、标牌等）、能源系统、通信系统和信息平台（如监控系统、传感系统、收费系统、设施专用通信信息网、交通管制、导航、路侧系统等现代化装备系统等）。

（三）智能网联汽车

智能网联汽车是指搭载了先进的车载传感器、控制器、执行器等装置，融合现代通信与网络技术，实现车与X（车、路、人、云等）智能信息交换、共享，具备复杂环境感知、智能决策、协同控制等功能，可实现安全、高效、舒适、节能行驶，最终替代人为操作的新一代汽车。

（四）通信系统

通信系统是实现车路协同自动驾驶系统中达到"互联"的核心技术系统，通过现代通信技术，使汽车、道路、行人等交通参与者不再孤立，所有参与者都成为智能交通系统中的信息节点。智能道路、车辆与外界各物实现互联，这是未来车路协同、智能汽车、自动驾驶、智能交通运输系统的基础和关键。

（五）支撑系统

支撑系统是车路协同自动驾驶系统的重要组成部分，其主要功能是通过相应技术以及基础设备来帮助实现自动驾驶并使其达到一个较高的级别。为实现车路协同自动驾驶方案，需要云平台技术作为信息交互、计算、决策的关键技术；高精定位与高精地图共同组成了自动驾驶的基础，依靠这些车辆可实现精确定位并掌握周边环境信息，为决策提供支撑。边缘计算为自动驾驶系统提供算力，存储、融合等基础功能是云平台的有效补充。

仿真系统不仅为自动驾驶系统提供了训练案例，减少决策时间，优化决策方案，而且为车辆安全行驶提供了保障。

（六）智能网联道路系统分级

智能网联道路系统共分为6个级别，从低到高依次为I0、I1、I2、I3、I4、I5，具体分级情况如表1-1所示。

表 1-1　智能网联道路系统分级表

分级	信息化(数字化/网联化)	智能化	自动化	服务对象	应用场景	接管
I0	无	无	无	驾驶员	无	驾驶员
I1	初步	初步	初步	驾驶员/车辆	多数	驾驶员
I2	部分	部分	部分	驾驶员/车辆	部分场景	驾驶员
I3	高度	有条件	有条件	驾驶员/车辆	专用道在内的主要道路	驾驶员
I4	完全	高度	高度	车辆	特定场景/区域	交通基础设施系统
I5	完全	完全	完全	车辆	全部	交通基础设施系统

注：引自《车路协同自动驾驶系统分级定义与解读报告》。

（七）车路协同自动驾驶系统分级

车路协同自动驾驶系统共分为 6 个级别，从低到高依次为 S0、S1、S2、S3、S4、S5，具体分级情况如表 1-2 所示。

表 1-2　车路协同自动驾驶系统分级表[①]

| 分级 | 名称 | 系统特征[②] |||| 系统协同主导 | 接管 | 系统应用场景 |
		信息化	智能化	协同化	集成化			
S0	人工驾驶	无	无	无	无	智能网联汽车	用户	无
S1	驾驶辅助	初步	初步	初步	初步	智能网联汽车	用户	部分
S2	部分自动驾驶	部分	部分	部分	部分	智能网联汽车/智能网联道路	用户	部分
S3	有条件自动驾驶	高度	高度	高度	有条件	智能网联汽车/智能网联道路	用户	部分
S4	高度自动驾驶	完全	完全	完全	高度	智能网联汽车/智能网联道路	系统	部分
S5	完全自动驾驶	完全	完全	完全	完全	智能网联汽车/智能网联道路	系统	全部

注：①引自《车路协同自动驾驶系统分级定义与解读报告》；②系统特征依据相关技术发展进程逐步深化完善。

二、技术架构

车路协同自动驾驶系统的框架和技术框架分别如图 1-1 和图 1-2 所示。

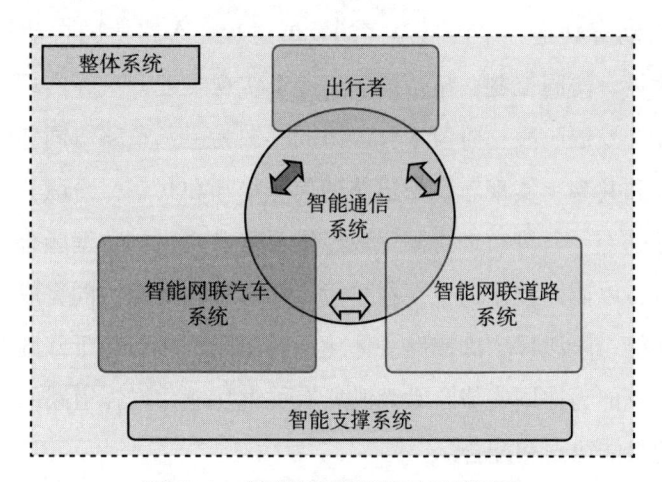

图 1-1 车路协同自动驾驶系统框架

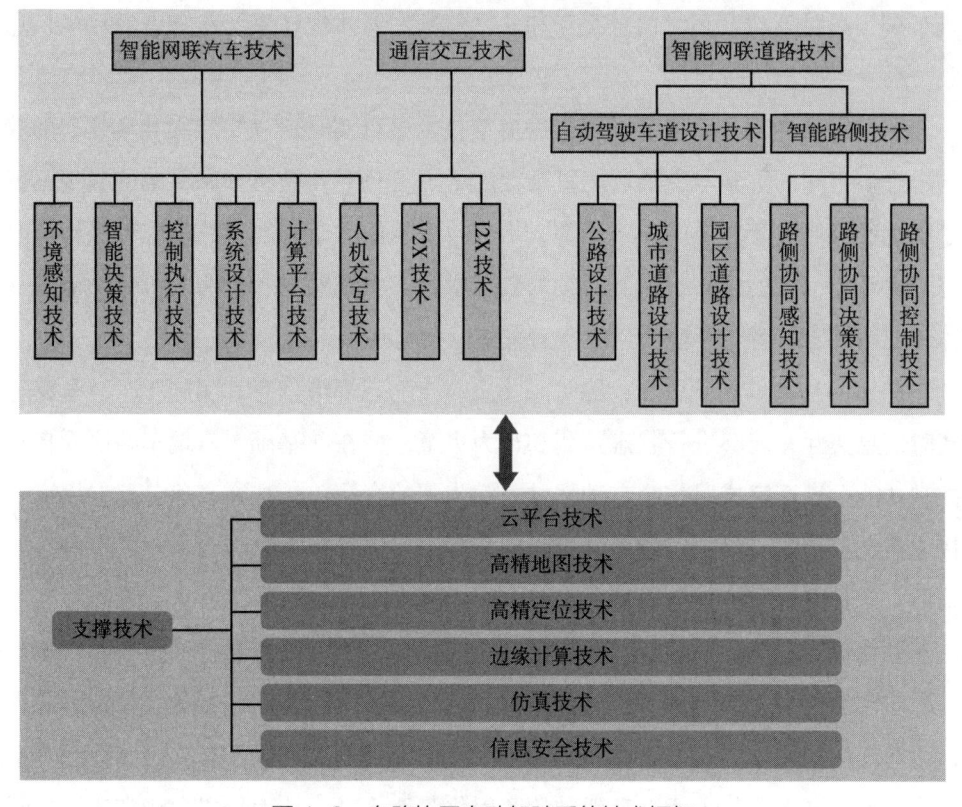

图 1-2 车路协同自动驾驶系统技术框架

第四节　车路协同自动驾驶发展过程

车路协同自动驾驶是一个由低至高的发展过程。车路协同自动驾驶系统包括协同感知、协同决策、协同控制，按不同阶段逐个实现突破，最终实现一体化。该系统主要包括以下4个发展阶段：阶段Ⅰ，以协同感知为主，车路协同感知，车车、车路等进行信息交互和共享，实现车辆与道路的信息交互和共享；阶段Ⅱ，以协同决策为主，在阶段Ⅰ基础上，又可实现协同完成感知、信息交互、数据融合、状态预测和行为决策；阶段Ⅲ，以协同控制为主，在阶段Ⅰ和Ⅱ基础上，协同完成感知、预测、决策和协同控制功能；阶段Ⅳ，即车路一体化，在阶段Ⅰ、Ⅱ和Ⅲ基础上，车辆和道路实现全面协同，有能力协同完成自动驾驶所有关键功能，增强道路的智能化作用，实现与车辆全面的智能协同和配合。

车路协同自动驾驶阶段Ⅰ：采用先进的无线通信和新一代互联网等技术，全方位实现车车、车路等动态实时信息交互和共享，其主要体现在系统参与者对环境信息的采集与融合层面。

车路协同自动驾驶阶段Ⅱ：除借助通信技术进行实时信息交互和共享外，随着车辆技术进步空间的饱和与交通环境复杂性的增加，自动驾驶感知和决策的实现不仅依赖于雷达、摄像头等先进的车载设备，而且越来越依靠于智能道路设施，进行全时空动态交通环境信息的感知，以及后续的数据融合、状态预测和行为决策等功能，其主要体现在系统参与者对环境信息的全面采集以及驾驶决策层面。

车路协同自动驾驶阶段Ⅲ：除可采集全时空动态环境信息和实施车车、车路等动态实时信息交互，能够进行状态预测和行为决策，并在此基础上实现车路协同自动驾驶控制功能，进而完成对整个自动驾驶关键步骤的全覆盖，如在高速公路专用道、城市快速路、自动泊车等限定场景进行应用，其主要体现在系统参与者对环境信息的全面采集、驾驶决策和控制执行整个层面。

车路协同自动驾驶阶段Ⅳ：除可实现全面采集、驾驶决策和控制执行等功能，能够进一步增强道路基础设施的智能作用，从而实现车辆和道路全面的智能协同和配合，即在任何场景下实现车路协同感知、车路协同预测决策以及车路协同控制等系统一体化功能，进而改善车辆自动驾驶的商用化落地途径，从而形成车辆和道路共同促进自动驾驶实现的一体化发展途径。

第二章
车路协同整体系统

第一节 发展现状和趋势分析

一、发展现状

（一）国内外研发重点比较

欧洲研发了基于合作的智能安全道路COOPERS、智能安全车路系统SAFESPOT以及基于合作的车路系统。3个项目侧重点各不相同，COOPERS主要侧重于车路通信及交通安全信息方面的研究。

日本重点发展的两个主要车路协同项目为先进安全车辆以及智能型公路系统。智能型公路系统车路通信采用5.8GHz专用短程通信（Dedicated Short Range Communication，DSRC），实现车路通信功能。

近年来，美国已制定车路协同相关标准，主要包含用于车路环境无线通信的IEEE1609系列试验用标准、用于车路短程通信的IEEE 802.11P标准、SAE J2735专用短程通信标准以及5.9GHz专用短程通信标准。

2017年，中国《"十三五"现代综合交通发展规划》，提出加快智慧交通建设，提升道路信息化水平。2018年，工业和信息化部《车联网产业发展行动计划》提出，到2020年，实现LTE-V2X在部分高速公路和城市主要道路的覆盖，开展5G-V2X示范应用，构建车路协同环境，实现"人－车－路－云"高度协同。2017年，北京设立了首条车联网专用车道。

2018年10月21日，在世界智能网联汽车大会闭幕式上，北京市经济和信息化委员会发布《北京市智能网联汽车产业白皮书》，白皮书主要涵盖智能网联汽车内涵与产业范畴、国内外产业发展概况、北京发展优势和挑战以及北京市智能网联汽车产业创新发展行动方案4个方面内容。

2018年11月，为进一步加强标准协同，全国汽车标准化技术委员会、全国智能运输系统标准化技术委员会、全国通信标准化技术委员会及全国道路交通管理标准化技术委员会共同签署《关于加强汽车、智能交通、通信及交通管理C-V2X标准合作的框架协议》，推动C-V2X等新一代信息通信技术及其在汽车和交通行业应用等相关标准研究、制定及实施工作。

2019年7月，交通运输部为贯彻落实党中央、国务院关于推进数字经济发展的决策部署，促进先进信息技术与交通运输深度融合，印发《数字交通发展规划纲要》，要求推动交通基础设施规划、设计、建造等全要素、全周期数字化；加快北斗导航在自动驾驶、车路协同等领域应用；鼓励具备多维感知、高精度定位、智能网联功能的终端设备应用，鼓励推动自动驾驶与车路协同技术研发，开展专用测试场地建设。

华人运通与江苏盐城政府共同开展了"智路"项目，该项目建设了路侧感知体系、边缘计算平台、5G-V2X通信设备、云调度中心。在道路旁部署的激光雷达、微波雷达、摄像头构建了全息路端感知网络。此外，"智路"构建了一个拥有云计算能力的远程调度和监控中心，用于实现云端自动驾驶控制和交通调度。

2020年5月22日，《2020年国务院政府工作报告》提出，重点支持"两新一重"建设，即新型基础设施建设，新型城镇化建设，交通、水利等重大工程建设。

（二）高校和科研机构

进行车路协同自动驾驶系统技术研发和应用的国内高校主要包括清华大学、东南大学、同济大学等高校。目前的研发进展主要依托项目进行，侧重于理论研究。

2011年9月7日，科技部印发了《关于"863"计划现代交通技术领域智能车路协同关键技术研究主题项目立项》的通知。项目课题由清华大学牵头，参加单位包括北京交通大学、北京航空航天大学、同济大学、长安汽车、国家智能运输系统研究中心等十余所高校以及单位企业。2014年2月，该课题验收会在河北清华发展研究院举行，并通过科技部验收。

2015年，清华大学校园成为国内车路协同首个园区运行示范基地，校园内8处交通复杂路口建设应用车路协同路侧系统，实现对周边环境目标的动态检测，并通过DSRC、Wi-Fi和LED显示屏发布；在30辆校园公交车安装一体化车载终端，给驾驶员提供安全预警。

2015年，经交通运输部审核批准，由金溢科技牵头联合交通运输部公路科学研究院、广东省交通集团有限公司、同济大学、清华大学深圳研究生院、北京汽车研究总院有限公司 5 家单位成立智能车路协同关键技术及装备行业研发中心。

2018 年，科技部审核批准，"综合交通运输与智能交通"重点专项"车路协同环境下车辆群体智能控制理论与测试验证"项目启动。项目由清华大学牵头，联合东南大学、同济大学、北京交通大学、长安大学等 18 家单位，针对车路协同环境下人车路异构交通主体构成的新型混合交通系统，重点解决复杂混合交通群体智能决策机理等基础科学问题，突破车辆群体智能协同控制理论方法和关键技术，为中国车路协同系统技术体系建立与应用发展提供科技支撑。

（三）汽车制造商

一方面，汽车企业正在积极推进车路协同和智能网联发展战略，例如上海通用汽车发布了"创领 2020"战略，2020 年实现旗下产品 100% 互联；自 2015 年 6 月起，宝马所有在华销售的车型都实现了 100% 联网。汽车联网已经成为全球发展共识，随着汽车联网技术的多样化和联网率的不断提升，车路协同服务市场潜力将逐步释放。同时，汽车企业正不断地将车路协同和智能网联技术融入新产品中。在一些车型中已经存在诸如 LTE 和 Wi-Fi 之类的通信选项。在美国，通用汽车在其 2017 款凯迪拉克 CTS 轿车中引入 DSRC 技术，用于 V2V 通信。丰田将从 2021 年开始在雷克萨斯汽车中引入 DSRC。2017 年起，福特汽车与中国信科（大唐）、高通等联合开展 C-V2X 实际道路测试，验证了 LTE-V2X 性能优于美国主导的 IEEE 802.11p，处于国际领先水平。2019 年 1 月，福特宣布放弃 IEEE 802.11p，选择 C-V2X 技术，并在所有新车上配备 C-V2X 设备。2018 年，奥迪、福特、沃尔沃以及一汽、长安、众泰等国内外知名车企一起参与了无锡车联网（LTE-V2X）示范应用项目。该项目是全球首个城市级车路协同平台，在开放道路进行测试研究，覆盖了 226 个路口和 5 条高架，实现了 18 个交通场景，验证了相关交通场景在道路上实现的可行性。2019 年，捷豹路虎在英国首个完全连接的公路基础设施路段进行了测试，旨在测试互联和自动驾驶车辆如何与名为 V2X 的通信基础设施进行交互。该测试环境由英国互联和智能交通环境项目创建，总长 64 千米，所采用通信技术包括 DSRC、3/4G 移动网络、Wi-Fi 和光纤网络，旨在确保车辆始终相互连接并与基础设施相连。捷豹路虎的 Discovery Sport、Range Rover 和 F-Pace 等车型配备 V2X 技术测试参与了测试。

另一方面，传统汽车企业、零件企业与互联网科技公司之间的合作加深，通过强强联合实现技术突破成为主要趋势。目前，众多汽车企业正在积极推动 V2X 无线通信技术的研发、测试和示范。部分车企和配套厂商如丰田、本田、通用、电装等在积极推进基于 IEEE 802.11p 的产品研发和试验验证，通用汽车在其 2017 款凯迪拉克 CTS 轿车安装了 IEEE 802.11p 通信模块。同时，为了加快以蜂窝通信为基础的 C-V2X 技术产业化，全球通信产业和部分汽车企业联合成立了 5G 汽车协会（5G Automotive Association，5GAA），加强汽车与通信产业合作。奥迪、丰田、上汽、长安、东风等车企纷纷联合通信企业开展 LTE-V2X 技术测试。2019 年，5G 汽车协会在欧洲举办了一场关于 C-V2X 技术的展示，参与方包括福特、宝马、标致雪铁龙、高通等，展示功能包括交叉口碰撞警告、交叉转弯碰撞风险警告、慢车警告、静止车辆警告等，演示车辆所搭载的设备来自高通，而测试软件和平台则来自高通的子公司 Savari。2019 年，奥迪、地图企业 HERE 以及交通信号企业 Swarco 测试了基于 C-V2X 的"交通信号相位助手技术"，测试在德国汉堡市进行，测试道路上有超过 60 个交通信号交叉口。测试结果表明，通过 V2X 获取信号信息，可以优化交通流，减少旅行时间并减少碳排放。在专利储备方面，各大车企的车路协同与智能网联技术相关专利数量逐年显著上升。据统计，以通用、福特、丰田、本田、现代、起亚、戴姆勒、大众、宝马、吉利为代表的汽车企业，其车路协同与智能网联技术相关专利的成果比重在 5 年间增加了三倍。该变化直接反映国内外各大汽车企业对车路协同与智能网联技术的研发投入和技术布局力度。

（四）互联网企业

百度于 2018 年年底正式开源 Apollo 车路协同方案，标志着百度 Apollo 开放平台进入车端和路侧整体开源的新阶段。百度已与大唐电信、千方科技、中国联通等产业链关键环节的代表性企业展开合作，全面整合汽车制造、交通基础设施设备制造和集成、通信、芯片、政府及高校等各界资源，共同发展车路协同系统。

阿里巴巴与交通运输部公路科学研究院签署战略合作，成立车路协同联合实验室。其中车路协同技术方案的核心技术之一是感知基站。达摩院正在研发感知基站，并在其研发的无人车上采用了该技术方案。

千方科技发布商用路侧设备的产品计划，同时将路侧设备协同其智能监控设备、电子收费、电子车牌、雷达等各类智能路侧感知设备，构筑起智慧路网与主动服务体系。

（五）设备制造商

目前，自动驾驶行业市场竞争加剧，企业合作发展成为主要趋势，具体表现为传统汽车制造商、零件制造商与互联网科技公司之间加强合作。2018年7月10日,德国汽车制造商戴姆勒和电子公司博世宣布已经选择英伟达的 Drive Pegasus 作为其人工智能计算平台,并且在2019年下半年开始在美国加利福尼亚州测试自动驾驶汽车。

2018年7月10日,奥迪与华为在德国柏林共同签署战略合作协议,双方将在智能网联汽车领域开展深入合作,共同推动汽车自动驾驶发展,并且在无锡开展LTE-V车联网通信标准试点项目

2018年1月,英伟达公布了其人工智能自动驾驶汽车平台 NVIDIA DRIVE 的功能安全详细架构。基于英伟达的 DRIVE 结构,汽车厂商已经可以构建和部署具有功能安全性、并符合诸如 ISO 26262 等国际安全标准的自动驾驶乘用车和卡车。

西门子业务部门 Mentor 的自动驾驶平台 DRS360,是西门子业务部门 Mentor Automotive 分部推出的一个自动驾驶解决方案。

大陆集团宣布与科技公司英伟达建立合作伙伴关系,目标是共同打造没有方向盘和车辆踏板的 L5 级自动驾驶汽车,而未来技术的研发将基于英伟达的自动驾驶芯片而实现。

伟世通推出了旗下首款自动驾驶技术平台——DriveCore。DriveCore 希望能够给主机厂提供一个模块化可扩展平台,可用于为对象分类、检测、路径规划和执行开发人工智能/机器学习算法。允许受托厂商自由选择不同的硬件与软件、算法,自行组装出一个自动驾驶系统。特别是可以满足 SAE L3 及 L3+ 自动驾驶对开发机器学习算法的要求。

2016年5月,恩智浦在恩智浦技术论坛(NXP FTF Technology Forum)上发布了一款名为 BlueBox 的计算平台,主要用于帮助原厂委托制造主机厂生产、测试无人驾驶汽车。BlueBox 平台是一款基于 Linux 系统打造的开放式计算平台,可供主机厂和一级供应商开发、试验自己的无人驾驶汽车。

2017年11月,国内自动驾驶初创禾多科技推出轩辕平台,旨在为其他公司提供一个开发自动驾驶技术的车辆平台,以提升其研发速度。

2018年,三星公司发布其 DRVLINE 自动驾驶平台。DRVLINE 是个开放的、模块化并可扩充的自动驾驶平台,与第三方从业者、供应商之间进行相互协作,一些元器件可依照需求进行安装或卸载,通过软硬件相结合的方式,进行一定程度的定制化。

2018年,中国信科(大唐)作为牵头单位,由中国通信学会发布《车联网技术、

标准与产业发展态势前沿报告》,分析了车联网在全球的发展态势和我国的发展现状,对技术和产业发展态势和技术预见进行了预测,探讨了车联网工程建设中的重大难题,提出了技术和产业政策建议。

2018年,华为发布《车路一体化智能网联体系C-V2X白皮书》,提到目前V2X主要有两条不同的技术路线,一条为DSRC,以802.11p为基础;另一条为C-V2X,是基于蜂窝网通信技术演进形成的车用无线通信技术。C-V2X作为后起之秀,在通信范围、容量、车辆移动速度、抗干扰性等各方面的性能全面优于DSRC。此外,C-V2X还具备未来支持自动驾驶的优势。结合国家政策及产业链生态的进展,C-V2X技术较适合中国车路协同自动驾驶的发展。

2019年1月,中国信通院发布的《车联网白皮书(2018年)》中提到V2X无线通信技术发展已进入快车道,但国际社会在V2X技术路径选择上仍存竞争。美欧日技术试验、应用示范培育V2X技术较为成熟,并已经进行了大范围推广。同时,中国已具备大力发展C-V2X技术的基础条件,在C-V2X标准制定、产品研发、应用示范、测试验证等方面都取得了积极进展,为V2X产业化奠定了良好基础。

2019年,中国信科(大唐)正式发布5G/C-V2X智慧公交车路协同解决方案,可提供超视距防碰撞、实时车路协同、绿波车速引导、安全精准停靠等业务应用,协助城市公交集团解决公交车辆目前面临的行驶安全、通行效率和节能环保方面的问题,已在厦门、杭州等城市开展大规模落地应用。

2019年4月,Aeva宣布与奥迪旗下的奥迪智能驾驶公司(Autonomous Intelligent Driving GmbH,AID)达成战略合作,其4D激光雷达将成为奥迪E-Tron测试车队的标配。

2019年6月,北京星云互联科技有限公司发布了全系列V2X车路协同解决方案,旨在打造开放的网联平台,包括"C-V2X智能网联终端""车路协同应用与服务"和"中国标准V2X协议栈"。未来车路通信平台将增加其开放性,具有从单一通信模式向多种通信手段互补与同和方向发展的趋势。由于通信技术各有优缺点,单一通信的方式很难满足车路通信的需求,需建立一种多方式兼容的通信平台。

2019年11月,AEye公司发布了全球首款用于自动驾驶汽车传感器的商用2D/3D感知系统。这是首次在传感器网络边缘得以实现基本感知,使自动驾驶汽车设计人员不仅可以使用传感器搜索和检测物体,还可以进行分类与追踪。此种实时信息收集能力可减少延迟、降低成本并确保功能安全,支持并增强了现有的集中式感知软件平台。

在通信芯片的发展方面，2016年，中国信科（大唐）基于自研SDR芯片发布业界首个芯片化车联网解决方案；2017年9月，高通发布9150 C-V2X芯片组商用解决方案，基于3GPP R14规范、支持PC5直接通信；2017年11月，中国信科（大唐）发布基于自研芯片的测试芯片模组DMD31，支持PC5 Mode 4 LTE-V2X；2018年2月，华为发布4.5G基带芯片巴龙765，支持包括R14 LTE-V2X在内的多模；2018年下半年，高通商用出样9150 C-V2X芯片组；2019年1月，华为发布5G基带芯片巴龙5000；2019年2月，高通发布网联汽车参考设计Gen 2芯片。

在通信模组方面，中国信科（大唐）、华为等芯片企业均提供基于各自芯片的通信模组；2019年4月，中国信科（大唐）发布商用C-V2X模组CX7100并实现规模量产；2019年4月，中国信科（大唐）与阿尔卑斯共同发布C-V2X车规级模组DMD3A；2020年6月，中国信科（大唐）与阿尔卑斯阿尔派联合宣布，C-V2X车规级模组DMD3A实现量产，产能将大大提升，并可基本满足智能网联产业链的应用需求；移远通信、高新兴、芯讯通等基于高通芯片提供支持C-V2X的模组。

二、存在问题

由于车路协同自动驾驶领域技术复杂，涉及多个行业领域，其中以车企和设备供应商为主的公司（包括汽车电子和汽车零部件供应商、智能计算平台供应商），在一定程度上依靠单车本身即可实现自动驾驶。随着单个车辆自动驾驶技术商业化落地难度的增加，自动驾驶越来越依靠智能道路基础设施，从而通过道路和车路之间的交互与耦合实现车路协同自动驾驶。政府、高校、部分互联网公司和供应商公司能够对车路协同技术和产业价值达成共识，并认可车路协同自动驾驶能够加速自动驾驶商业化落地，逐渐成为推进自动驾驶发展的主流路径。由于自动驾驶相关投资金额巨大、研发测试时间长、成本巨大，少有企业能单独承受，未来多行业共同投资、合作研发和应用将成为主流趋势。但其车路协同自动驾驶系统解决方案还存在一系列待解决问题，主要如下所述。

（一）缺乏统一的顶层标准规范

随着技术日益成熟，车路协同自动驾驶系统不仅仅是单一的智能车辆，而是车辆与基础设施等众多智能系统之间的连通并进行协同工作，但目前构建对车路协同自动驾驶标准体系没有明确详细的划分，无法同时将成熟的理论和技术进行落地推广，无法为构建全国车路协同与自动驾驶产业生态体系提供保障。

（二）缺乏统一的顶层方案设计

目前，不同行业、同一行业不同公司和单位对车路协同自动驾驶技术研发和应用理解不同，导致车路协同自动驾驶整体系统解决方案的设计、测试、示范和推广等方面的途径各不相同。并且，车路协同自动驾驶领域技术复杂，涉及多个行业领域，各行业各自为政，无法集众力重点攻关车路协同自动驾驶相关技术和形成新的产业体系。由于车路协同自动驾驶涉及路权问题，缺乏顶层设计、相关法律法规以及统一创新的政策框架，车路协同自动驾驶很难开展测试和示范应用。

（三）缺乏成熟的理论和技术支撑

目前，车路协同自动驾驶涉及多个专业理论和技术，但目前不同研发机构对于车路协同自动驾驶领域的应用理论和方法有很大差异，尚未突破涉及车路协同自动驾驶的技术理论体系，如车车/车路信息交互、协同感知、协同决策与协同控制、协同分配、协同系统仿真测试等技术，无法通过系统之间的信息传递、功能协同、协调配合，保障系统的高安全性和稳定性，实现大规模车辆及车辆群体安全协同通行。

第二节　预期目标

根据发展愿景与目标，结合车路协同自动驾驶技术整体系统的发展总体上需要经历技术示范、技术推广和大规模推广应用3个阶段。结合路线图的总体思路设计，本书仅以高速公路场景下的技术示范与大规模推广应用为例，简要介绍各阶段整体系统在协同感知、协同决策及协同控制方面的发展预期目标，具体目标如表2-1所示。

表2-1　各阶段整体系统及预期目标

阶段名称	发展目标	至2025年	至2035年	至2045年
技术示范	系统等级	S4	S4+	S4++
	道路等级	I4	I4+	I4++
	最优服务车辆等级	V3	V3+	V4
	控制等级	协同控制（主要）	协同控制	协同控制和实时变换
	应用区域	专用车道等主要公路（高速、公交、货运）	特定区域：实验园和园区	开放道路

续表

阶段名称	发展目标	至2025年	至2035年	至2045年
技术推广	系统等级	S3+	S4	S4+
	道路等级	I3+	I3++	I4+
	最优服务车辆等级	V3	V3+	V4
	控制等级	协同控制（主要）	协同控制	协同控制和实时变换
	应用区域	专用车道等主要公路（高速、公交、货运）	特定区域：实验园和园区	开放道路
大规模推广	系统等级	S3	S3+	S4
	道路等级	I3	I3+	I4
	最优服务车辆等级	V2+	V3	V3+
	控制等级	协同控制（主要）	协同控制	协同控制和实时变换
	应用区域	专用车道等主要公路（高速、公交、货运）	特定区域：实验园和园区	开放道路

第三节 实施路径

一、构建车路协同自动驾驶的标准规范及系统框架

发挥标准规范的带头作用，标准规范要与技术齐头并进。研究制定车路协同自动驾驶的测试、评价、认证、准入、运行等标准规范，并推进车路协同自动驾驶世界通用标准的建立，构建跨行业的标准化体系和合作机制。

综合考虑智能网联汽车以及不同行业的标准体系的异同性，实现标准体系兼容制定；区分不同阶段、层级定位和适用范围，避免技术限制和行业发展的局限性，对标准构成能够进行动态调整和更新。

二、各相关行业领域的政策、产业、法律法规、保险等要素协同并进

目前，中国现行法律法规对于传统汽车相关行业产品生命周期中的各个环节都作了详细的规范，但随着智能汽车的发展，原有规制传统整车的法律法规内容出现了一定的不适应性。目前，智能网联汽车发展仍然面临一些问题和挑战，除了技术、基础设施等条件之外，法律法规、政策的不够完善，也是发展智能网联汽车的一大"堵

点"。因此，中国在大力发展智能网联汽车的同时，需要逐步对智能网联相关行业领域内的政策、产业、法律法规、保险进行完善，最终形成研发、产业、应用协同并进的健康生态，建设具有全球影响力的智能网联先导区和产业发展高地。

三、提升车路协同自动驾驶中智能道路的作用

强调顶层设计和统一发展路线，增强道路基础设施的智能作用，协调发展智能网联车与智能道路系统，从而改善以车为主的自动驾驶商用化途径，形成车辆和道路一体化发展的落地途径。

通过实施支持和补贴政策，突破路侧级图像识别、多源传感信息融合、决策与控制策略集成等关键技术研发瓶颈和工艺差距，弥补智能道路相关的技术短板。

促进道路行业与其他相关行业的统筹协调和产业凝聚，进行路侧集成设备的自主设计和生产工艺开发，建立国产路侧系统集成产业基础，逐渐形成新的产业链融合体系。

四、攻关车路协同自动驾驶的协同优化技术

加强多学科、跨行业的协作，发挥产学研优势，重点攻关车路协同自动驾驶相关研发技术，加大对车路协同相关基础研发和试点项目的资金和政策支持。

以算法为核心，以提升感知、预测、决策和控制的四大功能为重点，建立异构协同优化框架，形成车路协同自动驾驶的技术理论体系。

重点突破涉及车车/车路信息交互、协同感知、协同预测、协同决策与协同控制、协同分配、协同系统仿真测试等技术，通过智能车辆与路侧控制设备的信息传递、功能协同、协调配合，实现大规模车辆及车辆群体安全协同通行。

五、统筹布局车路协同自动驾驶系统平台的研发

对车路协同自动驾驶的产业资源进行统筹规划，推动跨领域、跨行业的车路协同自动驾驶系统平台的建设。

围绕车路协同自动驾驶的重大需求，鼓励开展图像识别、异构多源传感信息融合、智能路侧设施、系统集成、通信设施、云平台等关键技术和算法研发。

由于实车试验存在成本、安全性以及系统可靠性等难题，搭建适用于测试车路协同自动驾驶的虚拟仿真平台，基于多样化动态环境模型、车辆动力学模型、多传感器

信息融合模型、信息结构模型、决策控制模型，构建适用于不同车路协同自动驾驶等级的测试仿真平台。

同时搭建与实车平台双向交互平台模块，并建立适用于虚拟平台与实车平台的评测体系与测试指标，以及虚实测试交互验证标准体系。

加大操作系统、研发高计算能力的芯片以及中央处理器等关键商品和研发投入和力度，尽早实现产品商用。

通过整合车路和道路优势构建系统平台，形成全局宏观层集成、交通走廊层集成、路段层集成、关键节点层集成的决策与优化架构，通过不断训练和学习对系统平台进行更新与升级。

第三章

智能路侧子系统

第一节 子系统概述

交通基础设施/智能网联道路系统（I）是指为用户提供交通服务的物质和信息工程设施，是保证交通活动正常运行的公共服务系统，主要包括公路结构构造物（如路基、路面、桥涵、隧道等）、交通工程及沿线附属设施（如道路标志、标线、标牌等）、能源系统、通信系统、信息平台（如监控系统、传感系统、收费系统、设施专用通信信息网、交通管制、导航、路侧系统等现代化装备系统等），以支撑和服务于道路与交通系统智能化功能。

一、智能网联道路分级与定义

根据信息化水平（数字化和网联化）、智能化水平（交通运营与管理）、自动化水平（辅助驾驶和自动驾驶）、应用场景（时间和空间）、混合交通（车辆自动化等级）和主动安全系统（安全预警、避险与防撞），将智能网联道路系统划分为6个等级，从低到高依次为I0、I1、I2、I3、I4、I5。智能网联道路系统分级如表3-1所示。

表3-1 智能网联道路系统分级

分级	信息化（数字化/网联化）	智能化	自动化	服务对象	应用场景	接管
I0	无	无	无	驾驶员	无	驾驶员
I1	初步	初步	初步	驾驶员/车辆	多数	驾驶员
I2	部分	部分	部分	驾驶员/车辆	部分场景	驾驶员
I3	高度	有条件	有条件	驾驶员/车辆	专用道在内的主要道路	驾驶员
I4	完全	高度	高度	车辆	特定场景/区域	交通基础设施系统
I5	完全	完全	完全	车辆	全部	交通基础设施系统

I0：无信息化/无智能化/无自动化。传统道路信息管理方式，即交通基础设施与单个车辆系统之间无信息交互。

I1：初步数字化/初步智能化/初步自动化。交通基础设施具备微观传感和基础预测功能，可以支持低空间和时间解析度的交通信息服务、交通管理和驾驶辅助。

I2：部分网联化/部分智能化/部分自动化。交通基础设施具备复杂传感和深度预测功能，通过与车辆系统进行信息交互（包括I2X），可以支持较高空间和时间解析度的自动化驾驶辅助和交通管理。

I3：基于交通基础设施的有条件自动驾驶/高度网联化。高度网联化的交通基础设施可以在数毫秒内为单个自动驾驶车辆（自动化等级1.5及以上）提供周围车辆的动态信息和控制指令，可以在包括专用车道的主要道路上实现有条件的自动化驾驶。遇到特殊情况，需要驾驶员接管车辆进行控制。

I4：基于交通基础设施的高度自动驾驶。交通基础设施为自动驾驶车辆（自动化等级1.5及以上）提供了详细的驾驶指令，可以在特定场景/区域（如预先设定的时空域）实现高度自动化驾驶。遇到特殊情况，由交通基础设施系统进行控制，不需要驾驶员接管。

I5：基于交通基础设施的完全自动驾驶。交通基础设施可以满足所有单个自动驾驶车辆（自动化等级1.5及以上）在所有场景下完全感知、预测、决策、控制、通信等功能，并优化部署整个交通基础设施网络，实现完全自动驾驶。完成自动驾驶所需的子系统无须在自动驾驶车辆设置备份系统。提供全主动安全功能。遇到特殊情况，由交通基础设施系统进行接管控制，不需要驾驶员参与。

二、发展必要性

（一）自动驾驶发展趋势

新科技的技术成熟度曲线（Hype Cycle，Gartner）是一条描述新技术产生后社会预期随时间变化的曲线，能呈现新技术的市场热度和现实发展的偏离程度，预测新技术发展成熟所需的时间，从而帮助企业更好地利用成熟技术以及寻找潜在机遇。基本上，大部分新技术一开始都会受到媒体的热烈追捧，但一旦接受市场的验证，新技术此前宣传的泡沫将会慢慢被吹散，进入"高开低走"的阶段，然后逐渐爬升至成熟期。

本书将2012—2019年发布的Gartner曲线中关于"自动驾驶"技术的趋势变化整理如图3-1所示，关键词包括：自动驾驶车辆（Autonomous vehicles，AV）、自动驾驶L4级

（Autonomous driving level 4）、自动驾驶 L5 级（Autonomous driving level 5）。从坐标来看，横轴对应的是时间，纵轴代表人们对新技术的期望。从左到右依次为触发期、期望膨胀期、低谷期、复苏期和成熟期 5 个阶段。另外，标注有达到生产成熟期需要的年限。

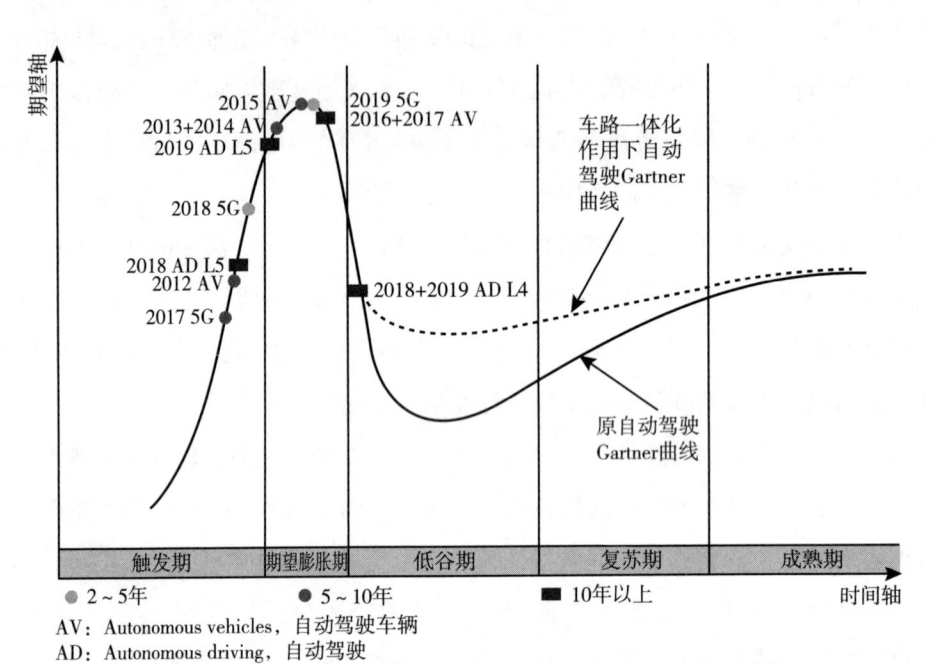

图 3-1　2012—2019 年自动驾驶技术 Gartner 曲线示意图

由图 3-1 可以看出，2012 年出现"自动驾驶车辆"技术概念，进入自动驾驶技术触发期；随后，开始进入自动驾驶车辆技术期望急速膨胀期，在 2015 年期望值到达顶峰；2015—2017 年自动驾驶车辆技术的期望值开始滑坡；2018 年进入自动驾驶行业期望值的低谷期，采用"自动驾驶 L4 级"的概念取代了"自动驾驶车辆"；同时，2018 年出现"自动驾驶 L5 级"技术概念，并于 2019 年进入期望膨胀期。

近几年自动驾驶技术期望值和阶段的变化，说明自动驾驶已经度过媒体泡沫宣传和鼓吹时期，开始转向成熟稳步发展。由"自动驾驶车辆"变为"自动驾驶"，表明自动驾驶车辆技术是实现自动驾驶不可或缺的组成部分，但无法完全代表自动驾驶。自动驾驶的发展，除了对自动驾驶车辆系统的研发外，还需要道路基础设施系统、支撑系统和集成系统的同步发展。

（二）智能网联道路系统的优势

在自动驾驶过程中，车辆需要根据外界信息（道路结构、环境状况、交通流特征、管制条例等）进行驾驶任务决策。自动驾驶车辆获取外界信息主要有两种途径，车辆自身感知识别系统与交通基础设施系统，两者互为冗余。现阶段自动驾驶技术的研发和应用，重点集中在智能网联车的创新和发展上，且已经取得了一定的进展；而对交通基础设施系统的关注较少，一直处于建设缓慢的阶段。交通基础设施系统与车辆系统的不均衡发展，严重限制了自动驾驶的成长空间。

在图 3-1 中，自动驾驶未来几年将进入低谷期并持续走低，需经历很长的一段时间才能重新起势。但是车路一体化作用，可以有效挽救自动驾驶继续下滑的状态，使其平稳过渡发展至复苏期和成熟期（虚线）。

智能网联道路系统与智能网联汽车系统相比，其优势在于以下 4 个方面。

1）准确性。由于外界环境复杂多变，车辆感知识别系统难以有效、准确地判别所有状况，不利于行车安全，导致自动驾驶只能在特定时间和空间条件下进行；而交通基础设施系统中的基础数据库几乎包含了所有的道路、环境、管理等信息，并根据道路实时监测结果进行动态更新，因此可以提供给车辆更为全面的、综合的、即时的、精确的信息。

2）快捷性。车辆系统的运算能力和存储空间有限，若仅依靠车辆系统完成自动驾驶全任务，车辆系统需要承担大量的决策工作，可能会出现延时问题；当交通基础设施系统可以辅助甚至代替车辆系统进行决策时，驾驶决策速度将得到大幅提升。

3）经济性。交通基础设施系统全面建成后，可以降低车辆自动驾驶系统的软件和硬件开发和安装成本。

4）宏观性。车辆系统从自身角度出发，根据局部区域状况，规划驾驶任务；而交通基础设施系统可以实现全局域交通优化和控制，达到充分提升道路资源利用率、缓解交通拥堵、提升道路运营安全的目的。

综上所述，并重发展智能网联道路系统，是提升自动驾驶水平的根本途径。

三、智能网联道路类型

智能网联道路主要包含 11 种应用场景道路类型：①高速公路；②普通公路（一、二、三、四级道路）；③城市快速路；④城市主干道；⑤城市次干道、连接路；⑥桥梁；⑦隧道路段；⑧试验场和园区；⑨货运专线；⑩公交专线；⑪自动泊车停车场。

根据各种应用场景道路类型的服务对象、交通流特征、软硬件配置要求、发展优先性等，将其分为以下 7 种类型。

1）Ⅰ类道路：高速公路。高速公路为专供汽车分向行驶、分车道行驶，全部控制出入的多车道公路。具有较高的设计速度和行驶安全标准。

2）Ⅱ类道路：试验场和园区、自动泊车停车场。为特定的目标而规划和建设的一片区域，在指定区域内的道路。

3）Ⅲ类道路：隧道路段。隧道为使道路从地层内部或水底通过而修建的建筑物，车辆在隧道中行驶的路段为隧道路段。

4）Ⅳ类道路：货运专线。将货物专门运输到指定目的地的运输道路。

5）Ⅴ类道路：城市快速路。城市快速路设有中央分隔带，具有四条以上机动车道，全部或部分采用立体交叉与控制出入，供汽车以较高速度行驶的道路。

6）Ⅵ类道路：城市主干道、城市次干道、连接路、公交专线。城市主干道连接城市各分区的干路，以交通功能为主，设计行车速度为 40~60km/h。城市次干道承担主干路与各分区间的交通集散作用，兼有服务功能，设计行车速度为 40km/h。公交专线是城市公交系统中设立的一种特定路线，为某些特定乘客开设的线路。

7）Ⅶ类道路：普通公路（一、二、三、四级道路）。普通公路是指连接城市、乡村和各种地形地貌的道路系统。

需要指出的是，考虑到桥梁结构普遍存在于各种类型的道路中，且其交通基础设施建设要求和其所在道路无明显差异，因此不单独列出，将桥梁与其所在道路视为一个整体。与之相反，考虑到隧道路段光线昏暗且信号不良，在建设智能道路时需特殊处理，将其单独作为一个类型。此外，上述所述 7 种类型的交通基础设施系统应用场景中，部分类型场景中的道路发生重叠，例如货运专线可能是高速公路，也可能是普通公路，但由于其功能特殊性和发展优先性，将其单独列出。

Ⅰ类道路（高速公路）和Ⅱ类道路（试验场和园区、自动泊车停车场）为封闭区域道路，具有发展智能道路的先天优势，是当前的重点发展对象。具有特殊性和优先性的Ⅲ类道路（隧道路段）和Ⅳ类道路（货运专线），是仅次于Ⅰ类和Ⅱ类道路的重点发展对象。Ⅴ类道路（城市快速路）和Ⅵ类道路（城市主 / 次干道、连接路、公交专线），因为道路结构极其复杂且混行程度高，所以智能道路建设的受限条件多，是需要优先发展但却无法在短期内实现的应用场景类型。Ⅶ类道路（普通公路）的建设水平参差不齐、最优服务车辆等级类型多且难以严格管控，是最后需要发展的场景，也是将最晚实现自动驾驶的场景。

第二节 发展现状和趋势分析

一、国家政策与相关标准规范

（一）国家政策

2017年，国务院印发《"十三五"现代综合交通运输体系发展规划》，明确提出发展新一代国家交通控制网、智慧公路建设试点，推动路网管理、车路协同和出行信息服务的智能化。

2018年1月，国家发展和改革委员会发布《智能汽车创新发展战略》，明确官方层面的支持态度，提出开展示范运行验证。重点利用机场、港口、矿区、工业园区和旅游景区等相对封闭区域，相关部门设定的城市公交道路等开放区域，以及北京冬奥会和通州副中心智能交通、雄安新区智慧城市等重大工程建设，开展智能汽车示范运行，系统验证环境感知准确率、场景定位精度、决策控制合理性、系统容错与故障处理能力、"人－车－路－云"系统协同性等。

2018年2月，交通运输部下发《交通运输部办公厅关于加快推进新一代国家交通控制网和智慧公路试点的通知》，首次提出要进行路运一体化车路协同的试点工作，指出高速公路路侧系统智能化升级和营运车辆路运一体化协同，将高速公路和营运车辆进行综合考量，坚定地走车路协同的技术路径。

2019年9月，中共中央、国务院印发《交通强国建设纲要》，提出构建安全、便捷、高效、绿色、经济的现代化综合交通体系，并指出要加强智能网联汽车（智能汽车、自动驾驶、车路协同）研发，形成自主可控完整的产业链。

2020年4月，国家发展和改革委员会首次明确"新基建"的三大主要方向，包括信息基础设施、融合基础设施、创新基础设施。其中，融合基础设施主要是指深度应用互联网、大数据、人工智能等技术，支撑传统基础设施转型升级，进而形成的融合基础设施，如智能交通基础设施、智慧能源基础设施等。

（二）相关标准规范

2017年12月，北京出台国内首个自动驾驶法规——《北京市自动驾驶车辆道路测试管理实施细则（试行）》，对测试主体、测试车辆、测试人员、事故处理等主要方面都作出要求，并发布《北京市关于加快推进自动驾驶车辆道路测试有关工作的指导意见（试行）》为相关企业在公共道路上开展自动驾驶提供依据。

2018年2月，《北京市自动驾驶车辆道路测试能力评估内容与方法（试行）》和《北京市自动驾驶车辆封闭测试场地技术要求（试行）》，进一步明确自动驾驶车辆道路测试的方法、重点及路径。上海、重庆等多个城市出台相关政策，并发布地方首批自动驾驶路测牌照，助力自动驾驶技术提速。2018年3月，上海发布《上海市智能网联汽车道路测试管理办法（试行）》，明确道路测试推进管理机构、道路测试申请条件、道路测试审核流程和交通事故责任认定及处理。2018年3月，重庆发布《重庆市自动驾驶道路测试管理实施细则》，进一步推动自动驾驶技术发展，规范装配有自动驾驶系统的机动车辆上公共道路开展自动驾驶相关科研、定型试验。

2018年4月，交通运输部、工业和信息化部、公安部联合正式出台了《智能网联汽车道路测试管理规范（试行）》，首次从国家层面就规范自动驾驶道路测试作出规定。从整体层面明确道路测试的管理要求和职责分工，规范和统一各地方基础性检测项目和测试规程。2018年7月，交通运输部出台《自动驾驶封闭场地建设技术指南（暂行）》，进一步对各地封闭场地测试的建设进行指导。

二、智能网联道路试验场与示范区建设

（一）高速公路

现阶段，中国智能网联道路主要是高速公路智慧升级改造与新建智慧高速公路，如冬奥会延崇高速、京雄高速、京台高速、沪宁高速、沿江高速、济青高速、杭绍甬高速和国家智能网联汽车测试区智慧高速等。

延崇高速实现了基础设施数字化和车路一体化，配备DSRC采集系统、微波交通监测系统，实现车辆动态管理。此外，在路侧设置了智能感知基站和气象感知系统、水资源感知系统，能够将道路实时运行状况反馈给车辆，实现交通网、信息网、能源网三网合一，利用5G专用通信系统提供大流量宽带，预留通信光纤接口，支持未来的自动驾驶需求。

京雄高速内侧车道设置为自动驾驶专用车道，可实现车路协同和自动驾驶，同时实现基础设施数字化，具备自动收费、准全天候通行、智慧照明等功能。

济青高速应用"e高速"实现道路运营、交通管控、广播媒体、定位导航四方联动，实现智慧安全出行。

京台高速智慧高速示范项目以智能管服、快速通行、绿色节能、安全保障、车路

协同五大体系为支撑，全面提高行车安全保障和出行信息服务水平。

沪宁高速和沿江高速智慧高速示范项目以智能管服、快速通行、绿色节能、安全保障、车路协同五大体系为支撑，全面提高行车安全保障和出行信息服务水平。

杭绍甬高速公路将构建大数据驱动的云智慧平台，配备智能路侧系统、路网运行监测与预警系统，实现新能源供给设施全覆盖，构建人车路综合感知体系，全面支持自动驾驶，是集感知、运控、预警为一体的新型高速公路。

国家智能网联汽车（长沙）测试区新增了高速公路测试路段，100km智慧高速测试路段布局了5G网络，路侧设备全息感知高速环境。

国家智能交通综合测试基地（无锡）建设36.09km的封闭式、半开放式测试道路，并开通全长4.1km的首条专门用于自动驾驶测试的封闭高速公路，覆盖150余个实际道路测试场景。除上述之外，苏州工业园区智能网联示范区开通了5G全覆盖的智能网联汽车公共测试道路，全长7.26km。

（二）试验场与园区

随着全球智能网联汽车实用化进入攻关阶段，自动驾驶汽车测试需求也越来越多。因此，陆续有一大批智能网联或自动驾驶示范区在中国建成，例如上海国家智能网联汽车示范区、辽宁盘锦北汽无人驾驶体验项目、京冀国家智能汽车与智慧交通示范区海淀基地、浙江5G车联网应用示范区、重庆智能汽车与智慧交通应用示范区、武汉智能网联汽车示范区、长沙智能网联汽车测试区、吉林智能汽车与智慧交通应用示范基地、深圳无人驾驶示范区、常熟中国智能车综合技术研发与测试中心等。

上海智能网联示范区已建成一条智能网联车开放测试道路，全长5.6km，安全性高、风险等级低，并且已建成200个智能驾驶测试场景。常州作为国家智能交通测试及应用推广基地，建设"国家智能商用车质量监督检验中心"，覆盖自动驾驶封闭式、半开放及开放式自动驾驶场景测试场4.6km^2。位于北京通州的公路交通综合试验场总占地面积2.4km^2，公路交通综合试验场的试验道路总长达30km，拥有面向自动驾驶测试的智能驾驶试验路、动态广场、高速环道、长直线性能试验路、标准坡道和干操控路等试验道路。

（三）自动泊车停车场

最早的落地案例来自2017年7月戴姆勒和博世联手打造的"自动代客泊车服务"，用户可以使用手机应用程序操控实现自动泊车。智能停车以上海的"公共停车信息平台"为代表，该平台接入所有公共停车场的联网数据，即时车位信息尽收其中。各种停车信息也可以接入政府开辟的停车应用程序，将实用资讯传递给公众。停车诱导系统已经基本覆盖市区的重点商务区，包括黄浦、徐汇、静安、长宁、杨浦、虹口、普陀、闵行等区域，接下来将向郊区拓展。今后，驾车族获取停车信息的渠道也会更加丰富，除了在显示屏上摄取外，还有语音、网站、短信等途径获取信息，既能在平台进行停车信息语音查询，也可在网站上浏览停车场信息，还可通过手机编辑短信发送到指定号码进行查询。

（四）隧道

现阶段仅有的隧道路段自动驾驶试验，主要是在封闭条件下完成的，且依赖于车辆自身的自动驾驶系统，如长安自动驾驶车穿越秦岭终南山隧道、景驰自动驾驶车穿越广州珠江隧道。

2016年4月13日，长安自动驾驶汽车穿越秦岭终南山隧道。该隧道为中国最长隧道，全长18.02km，距离长且弯道多。当车辆离开隧道路段时，由于光线发生剧烈变化，后视镜头后方的摄像头出现一定时间的盲点，车辆会发出警示声，提醒驾驶员提高注意力。

2018年6月12日，景驰车进行隧道路段自动驾驶测试。自动驾驶测试的路线为生物岛—隧道—大学城—隧道—生物岛，总长7.5km左右，涉及红绿灯、弯道、人行道以及隧道等路段。其中，隧道为广州珠江隧道，长1.2km。景驰车在进入隧道后，可以保持在40km/h行驶。

延崇高速公路隧道建设了车辆精准监测系统，隧道内有247套高清监控设备。在隧道的出入口和车道设置高清摄像头，随时掌握每一个隧道内、每一个瞬间通过的车辆数量，还可通过手机信令掌握隧道里的车辆数量，为突发事件处置提供依据。建立微波交通监测系统，总的布置原则是每一千米设置一套微波设备。另外，隧道的出入口和拐弯的地方设加密，建立DSRC采集系统，更新周期为5分钟，实现平均不超过5km间距设置DSRS采集设备。通过摄像机的图像采集，实现交通枢纽的监测。

（五）货运专线

2019年7月，由上汽5G智能重卡提供技术和解决方案的"全球首次5G+AI智能化港区作业"，已在上海洋山港成功落地。

上汽5G智能重卡已成功实现在港区特定场景下的L4级自动驾驶、厘米级定位、精确停车（±5cm）、与自动化港机设备的交互以及东海大桥队列行驶。

2019年6月12日，浙江首个快递行业无人驾驶应用研究载体——"德邦快递无人驾驶货运车实验基地"在嘉兴揭牌。

（六）城市快速路

现阶段，中国城市快速路智能道路主要有示范区场景测试、城市快速路智慧升级改造以及新建城市智慧快速路。

国家智能汽车与智慧交通（京冀）示范区中，北京亦庄的封闭测试基地覆盖京津冀90%以上快速路场景，能满足乘用车、商用车等自动驾驶车辆L1~L5级研发测试及能力评估需求。

深圳桂庙路和侨香路快速化改造，建成智慧道路设施结合新型传感、车路协同、人工智能等技术，为可感知、可运营、可管控的服务型道路。

绍兴智慧快速路，融合5G现代通信网络，结合智能交通系统，构建智慧云控平台和无人驾驶测试环境，实现快速路的智慧化。

苏州工业园区智能网联示范区公共测试道路配置多模式通信路测设备、边缘计算单元、管控平台等智能设备，整体水平国内领先，可以实现复杂环境下的智能网联汽车测试，满足不同企业的多场景测试需求。

（七）公交专线

公交专线目前也只是布设在小范围、客流量小、密闭的环境里，多应用于快速公交道路，不具有代表性，且极端情况也没有进行测试。

在公交专线自动驾驶领域，由于快速公交具有相对独立的路权，没有混合交通，发展自动驾驶具有一定的优势，另一个有条件发展自动驾驶的是独立的公交专用道。普通公交专用道由于行人、非机动车等混合交通的不稳定因素太多，尚不具备发展自动驾驶的条件。因此，公交专线发展自动驾驶的重点是快速公交及其独立的公交专用道。

随着5G技术在公共交通领域的发展，国内一大批城市基于5G技术的"车路协同"公交专线智能交通体系的应用也在快速推进。例如厦门集美快速公交智能辅助驾驶试验段、郑州智慧岛公交自动驾驶专线、上海无人驾驶乘客自动运输系统（APM）浦江线、深圳福田保税区1.2km"阿尔法巴"驾驶辅助公交环线、天津滨海新区中新天津生态城2.5km自动驾驶公交专线、济南"特定区域低速自动驾驶公交"4.8km测试线、长沙国家智能网联汽车5G公交自动驾驶测试区等。

以郑州智慧岛公交自动驾驶专线试验项目为例，运行线路长1.53km，在3个站点投放 4 辆宇通自动驾驶巴士，2019 年 5 月 17 日开始试运行。该公交环线上开通了 31 座 5G 基站、1000M 互联网专线及 33 条环岛监控光纤，并对盲区预警、行人避让、智慧灯杆、公交站台等 30 个点位开展专项优化，有效增强了无人驾驶车辆的智能性，初步具有自主巡航、主动避障、自主进站、精确停靠、路口通行等自动驾驶功能。"车"方面，试运行的 L4 级自动驾驶巴士具备智能交互、自主巡航、换道、避障、超车、会车、跟车、进站、紧急制动、精确停靠、路口通行、车路协同等功能，基本能达到高度自动驾驶水平；"路"方面，智慧岛项目设置了自动驾驶车辆专用车道，在专用车道内，建设路端 V2X 设施，实现远程监控、信号诱导、盲区预警等功能；智能站台配套了站内客流检测、站内视频监控、公交车道占用检测等设施；"网"的方面，智慧岛区域实现了 5G 信号全覆盖。

（八）城市主/次干道、连接路与普通公路

城市主/次干道、连接路与普通公路部分控制或不控制出入，交通场景复杂，相对于高速公路，对自动驾驶相关技术的要求更高。同时，各种软硬件设施的建设标准都低于高速公路，升级改造各种设施的难度更大、成本更高。因此，在车路协同驾驶的发展上，城市主/次干道、连接路与普通公路的智能建设还未起步，且预计其发展会明显滞后于高速公路。

三、智能网联道路相关技术与管理平台

（一）信息化技术

2018 年，阿里云搭建智慧高速云控平台，为车路协同场景提供全局掌控能力；AliOS 搭建车路云协同计算系统，完成车路协同的具体能力；达摩院研制路测要安装的感知硬件。同时，高德、千寻提供高精度地图。

2019 年年底通车的延崇高速实现了基础设施数字化和车路一体化，配备 DSRC 采集系统、微波交通监测系统，实现车辆动态管理。此外，在路侧设置了智能感知基站和气象感知系统、水资源感知系统，能够将道路实时运行状况反馈给车辆，实现交通网、信息网、能源网三网合一，利用 5G 专用通信系统提供大流量宽带，预留通信光纤接口，支持未来的自动驾驶需求。

（二）智能化技术与平台

上海国家智能网联汽车示范区是工业和信息化部批准的中国首个智能网联汽车示范区。2016 年 6 月，封闭测试区一期正式运营，其中，建设了 1 个全球定位系统差分

基站、2座LTE-V通信基站、16套DSRC和4套LTE-V路侧单元、6个智能红绿灯和40个各类摄像头，可以为无人驾驶、自动驾驶和V2X网联汽车提供29种场景的测试验证，是全球功能场景最多、通信技术最丰富、同时覆盖四类领域（安全、效率、信息服务和新能源汽车应用）的国际领先测试区。

重庆智能汽车与智慧交通应用示范区项目是城市模拟道路测试评价及试验示范区，目前已对外开放，主要以城市道路为主。该试验区涵盖了50多种交通场景测试，包括直道、弯道、隧道、坡道、桥梁、上下坡、十字交叉路口、停车场、加油站、充电站等，并设了虚拟的车辆、虚拟行人。除此之外，区内还集成了智能传感器、北斗高精度定位、LTE-V/DSRC车路等实时通信设施，可供相关研究单位开展盲区预警、变道预警、行人预警、紧急制动、车速诱导、自动泊车、隧道行驶等测试。

浙江5G车联网应用示范区充分利用C-V2X车路协同技术、智能路侧检测技术、5G技术和天翼云MEC边缘计算能力等，重点实施危险场景预警、连续信号灯下的绿波通行、路侧智能感知、高精度地图下载、5G视频直播和基于5G的车辆远程控制六大场景应用。

（三）自动化技术与平台

智能停车以上海的"公共停车信息平台"为代表，该平台将接入所有公共停车场的联网数据，即时车位信息尽收其中。为构建一张实时更新的"停车地图"，部分区域已经在车位上配置电磁感应器等：当车位上停有车辆或车位无车占用时，感应器都会发出信号，中央控制平台就能同步予以显示。通过这套物联网技术，车位信息能实时在平台上实现智能化识别、定位、跟踪和管理。

2019年3月，希迪智驾（长沙智能驾驶研究院、CIDI）提出一个建设框架——智慧高速应具备道路感知体系、全路段高精度定位与高精度地图、全路段路侧V2X通信体系、云端监控与计算平台体系，并发布了面向高速公路场景的"V2X+智慧高速"解决方案。该方案是希迪智驾针对智慧高速建设三步战略中的第一步——车路协同式智慧高速，后两步分别为半自动化式智慧高速与全自动化式超级高速。

2019年上半年，郑州智慧岛公交自动驾驶专线试验项目中设置了自动驾驶车辆专用车道。在专用车道内，建设路端V2X设施，实现远程监控、信号诱导、盲区预警等功能；智能站台配套了站内客流检测、站内视频监控、公交车道占用检测等设施。

四、发展趋势与存在的问题

(一)缺乏智能网联道路相关国家监管政策、法律法规、标准规范和顶层设计

相比于智能网联道路的发展速度,国家监管政策、法规体系和标准规范相对滞后。国内尚缺乏战略性的顶层设计,已出台的内容主要是自动驾驶车辆的路侧规范(效力等级太低)及部分行业标准,法律法规还不能有效支撑智能网联汽车合法上路,现有道路交通安全法的修订、隐私权保护、网络信息安全等方面还没有实质性进展。政策制度不能有效保证智能网联道路可以提供安全通行,技术标准不能有效保障智能网联道路可靠运行,缺乏车辆上智能网联道路实测的法律保障体系、测评体系、保险体系等。应统筹顶层设计,确定牵头主管部门,明晰责任、明确政策,合力推进技术与产业发展;统筹基层应用,注重国家层面政策制度与地方层面实测应用的协调,保障智能网联道路发展稳妥有序推进。

(二)智能网联道路示范建设与测试仍处于初级发展阶段

现阶段智能网联道路示范建设与测试试验场处于发展的初级阶段,主要服务于智能车的测试,更多关注的是单体智能车的智能化,没有把道路整体智能化、网联化、自动化考虑在内,测试场景也较为单一。因此,需继续深化智能网联道路示范建设与测试,进一步研究智能网联道路的整体智能化、网联化、自动化建设,测试场景也需进一步细化、丰富。

(三)智能网联道路设计与智能路侧系统关键技术不完善

现阶段,各项技术与平台道路系统只能够满足初步网联化、初步智能化、初步自动化,仅能完成低精度感知及初级预测,为单个自动驾驶车辆提供自动驾驶所需信息。虽然交通基础设施感知设备能采集、更新和储存数字化交通基础设施静态数据,能实时获取连续空间的车辆和环境等动态数据,但交通基础设施向车辆系统进行单项传感,各种类型数据之间无法有效融合,信息采集、处理和传输的时延明显。

因此,需进一步发展智能网联道路路侧系统的软硬件,建立全时空全方位多维度道路与环境感知系统,使智能网联道路具备更高精度的车辆和环境等动态非结构化数据的检测传感功能。支持数据在车与车之间、车与基础设施之间的实时共享,实现数据高度融合,提供深度分析和长期预测。建立基于大数据的车路协同自动驾驶交通运营和管理系统,实现网联车辆自动驾驶、智能化交通管理和智能化动态信息服务的一体化智能网络系统，降低自动驾驶汽车数据处理融合、路径规划等计算负担。建立全时空全方位多维度路侧控制系统，实现车路协同控制与系统最优管理。

第三节　预期目标

一、整体目标与预期社会经济效益

（一）整体目标

智能网联道路系统的预期目标主要包括 4 个方面：①智能网联道路等级；②最优服务车辆等级；③可实现的功能：信息化、智能化、自动化等发展程度；④可实现的应用场景。

各智能网联道路类型在技术示范期的整体预期目标如表 3-2 所示。表中的最优服务车辆等级是指在智能网联道路系统在该阶段主要服务智能网联汽车的等级区间，例如当城市主干道等级为 I2 时，最优服务车辆等级为 V1.5~V2，V4 不在最优服务车辆等级范围内，但 I2 对其仍可提供相关服务。

表 3-2　各智能网联道路类型的整体预期目标——技术示范期

场景类型		至 2025 年	至 2035 年	至 2045 年
高速公路	道路等级	I4	I4+	I4++
	最优服务车辆等级	V1.5~V4	V1.5~V4+	V1.5~V4++
	发展特征	基于交通基础设施的高度自动驾驶	基于交通基础设施的高度自动驾驶	基于交通基础设施的高度自动驾驶
试验场、园区	道路等级	I4	I4+	I4++
	最优服务车辆等级	V1.5~V4	V1.5~V4+	V1.5~V4++
	发展特征	基于交通基础设施的高度自动驾驶	基于交通基础设施的高度自动驾驶	基于交通基础设施的高度自动驾驶
自动泊车	道路等级	I4	I4+	I4++
	最优服务车辆等级	V1.5~V4	V1.5~V4+	V1.5~V4++
	发展特征	基于交通基础设施的高度自动驾驶	基于交通基础设施的高度自动驾驶	基于交通基础设施的高度自动驾驶
隧道	道路等级	I4	I4+	I4++
	最优服务车辆等级	V1.5~V4	V1.5~V4+	V1.5~V4++
	发展特征	基于交通基础设施的高度自动驾驶	基于交通基础设施的高度自动驾驶	基于交通基础设施的高度自动驾驶

续表

场景类型		至 2025 年	至 2035 年	至 2045 年
货运专线	道路等级	I4	I4+	I4++
	最优服务车辆等级	V1.5~V4	V1.5~V4+	V1.5~V4++
	发展特征	基于交通基础设施的高度自动驾驶	基于交通基础设施的高度自动驾驶	基于交通基础设施的高度自动驾驶
城市快速路	道路等级	I3	I3+	I4+
	最优服务车辆等级	V1.5~V2+	V1.5~V3	V1.5~V4+
	发展特征	基于交通基础设施的有条件自动驾驶和高度网联化	基于交通基础设施的有条件自动驾驶和高度网联化	基于交通基础设施的高度自动驾驶
城市主干道	道路等级	I2+	I3	I3+
	最优服务车辆等级	V1.5~V2	V1.5~V2+	V1.5~V3
	发展特征	部分网联化、部分智能化、部分自动化	基于交通基础设施的有条件自动驾驶和高度网联化	基于交通基础设施的有条件自动驾驶和高度网联化
城市次干道、连接路	道路等级	I1+	I2+	I3
	最优服务车辆等级	不限	V1.5~V2	V1.5~V2+
	发展特征	初步数字化、初步智能化、初步自动化	部分网联化、部分智能化、部分自动化	基于交通基础设施的有条件自动驾驶和高度网联化
公交专线	道路等级	I3	I3+	I4
	最优服务车辆等级	V1.5~V2+	V1.5~V3	V1.5~V4+
	发展特征	基于交通基础设施的有条件自动驾驶和高度网联化	基于交通基础设施的有条件自动驾驶和高度网联化	基于交通基础设施的高度自动驾驶
普通公路	道路等级	I2	I3	I3+
	最优服务车辆等级	V1.5~V2	V1.5~V2+	V1.5~V3
	发展特征	部分网联化、部分智能化、部分自动化	基于交通基础设施的有条件自动驾驶和高度网联化	基于交通基础设施的有条件自动驾驶和高度网联化

相对于技术示范期，技术推广期一般滞后 2~3 年，大规模应用一般滞后 5 年左右。以高速公路的发展预期目标为例，其在技术示范期、技术推广期、大规模应用期的发展预期目标分别如表 3-3 所示。

表 3-3　高速公路各发展阶段与目标

阶段	发展对象	至 2025 年	至 2035 年	至 2045 年
技术示范期	道路等级	I4	I4+	I4++
	车辆等级	V1.5～V4	V1.5～V4+	V1.5～V4++
	控制等级	协同控制（主要）	协同控制	协同控制和实时变换
	应用区域	特定区域	全局控制	全局控制
技术推广期	道路等级	I3+	I3++	I4+
	车辆等级	V1.5～V3	V1.5～V3+	V1.5～V4
	控制等级	协同控制（主要）	协同控制	协同控制和实时变换
	应用区域	混合道路主要场景	特定控制	全局控制
大规模示范期	道路等级	I3	I3+	I4
	车路等级	V1.5～V2+	V1.5～V3	V1.5～V4
	控制等级	协同控制（主要）	协同控制	协同控制和实时变换
	应用区域	包括专用道基本车路协同	混合车道主要场景	特定区域

因篇幅限制，本书后续章节将依次详细介绍各种智能网联道路类型在技术示范期的分阶段预期目标。

（二）预期社会经济效益

智能网联道路系统是车路协同自动驾驶系统的关键子系统，也是未来智慧城市中的一个重要组成部分，与人们的出行、货物的流通等密切相关。目前，中国大部分道路如高快速路、城市道路等，仍处于信息化的初级阶段，涉及道路交通状态、停行车诱导信息发布等。随着自动驾驶、车联网等技术的飞速发展及单车智能"瓶颈"的出现，将反过来刺激道路向更高水平的信息化、智能化及自动化方面发展，将加强"路"与"车"这两个独立群体间密切沟通，促使整个交通系统的高效运转，其所带来的社会经济效益主要体现在以下 4 个方面。

1. 降低交通安全事故率

车路协同条件下智能网联道路交通安全事故率显著降低。在不同类型道路上，通过车载及路侧设备建立全方位、实时的车车、车路动态信息交互，从而有效提升车路的协同安全（主动安全和被动安全）运行，保障驾驶员及他人的人身安全，如智能网联隧道可显著降低因视线不良而导致的车辆追尾事故、车辆撞隧道壁事故及由此产生的二次事故；智能网联货运专线可避免货车司机视野盲区及刹车不及时等情况。

2. 提升通行能力和效率

车路协同条件下智能网联道路通行能力与运行效率提升。在车、路信息采集及动态实时交互的基础上，开展车辆安全运行前提下的车路协同优化管理，可帮助车辆合理选择路径、协作式换道及减少车头时距等，从而实现宏观上路网运行最优及微观上特别是交织区通行能力提升，以高速公路为例，通过对车辆的宏观运行路径、收费站通道选取及交织区换道行为进行动态优化，有效避免交通瓶颈的出现，从而全面提升高速公路整体运行效率。

3. 减少能耗与污染

车路协同自动驾驶将显著降低汽车燃油消耗及有害气体的排放。车、路间的信息交互及对车辆路径、纵横向行为的优化控制可保证车辆的平稳运行，减少车辆频繁地加减速，从而降低燃料消耗及污染气体排放，如智能网联隧道可减少由于视线不良或眩晕效应引发的车辆速度波动，从而减少燃油消耗及隧道内的空气污染；智能网联城市主干道车队可保证车辆以车队的形式平稳运行，避免交通流的震荡。

4. 促进经济发展（就业、产业转型升级）

车路协同智能网联道路将在一定程度上解放驾驶员并安全、高效地服务于人们的出行，从而促进社会经济的快速发展，如智能网联高速公路的智能化设施建设与改造，不仅促进高速公路系统本身管理、服务的转型升级，还带动相关高新技术产业的发展；车路协同条件下智能网联货运专线可保证货运车辆无间断持续工作，有效提升货物运输效率与节省运营成本，实现货物的高效周转。

二、各类道路预期目标

（一）高速公路

1. 至 2025 年预期目标

1）道路等级：I4。交通基础设施为自动驾驶车辆（自动化等级 1.5 及以上）提供了详细的驾驶指令，可以在特定场景/区域（如预先设定的时空域）实现高度自动化驾驶。遇到特殊情况，由交通基础设施系统进行控制，不需要驾驶员接管。

2）最优服务车辆等级：V1.5~V4。V1.5 等级车辆是指人工驾驶为主，主要还是由驾驶者操纵车辆，但车辆中装有自适应巡航功能，雷达实时控制车距和车辆加减速，可以实现少数特定场景的自动驾驶，自动调整车辆状态。V4 等级车辆是指车辆自动作出自主决策，并且驾驶者无须任何操作，一般需依靠可实时更新的道路信息数据支持，实现自动取还车、自动编队巡航、自动避障等出行的真实场景。最优服务的车辆等级是 V1.5~V4，车辆拥有部分自动驾驶能力或高度自动驾驶能力，驾驶员可以选择将车辆置于自动驾驶模式下，并将操控责任转交给车辆，在必要时候接管。

3）可实现的功能：基于交通基础设施的高度自动驾驶。在混合交通场景下，高速公路控制中心可以进一步优化调配所覆盖路网中的车辆，以达到全局更优。

在特定区域（如预先设定的时空域）的混合交通场景下，交通基础设施系统对自动驾驶车辆进行接管与控制，完成车辆的感知、预测、决策、控制等功能，实现主要场景下的高度自动化驾驶。遇到特殊情况，由交通基础设施系统进行控制，不需要驾驶员接管。

4）可实现的典型应用场景有：①在混合交通场景下为车辆提供纵横向驾驶决策与控制类主要场景；②紧急情况，系统主动安全接管；③混合交通的管理与控制，例如，通过使用附近的或平行车道可平衡交通需求，也可使用控制策略，如当前方发生事故时可选择换向行驶；④主要区域的实时交通流优化，车流引导与控制等。

2. 至 2035 年预期目标

1）道路等级：I4+。交通基础设施可以在数毫秒内为单个自动驾驶车辆提供周围车辆的动态信息和横、纵方向控制指令。交通基础设施系统可以实现对自动驾驶车辆进行横向和纵向的控制。在一般非特殊场景/区域混合交通场景下，交通基础设施系统均可对自动驾驶车辆进行接管与控制，完成车辆的感知、预测、决策、控制等功能，实现大部分场景的高度自动化驾驶。

2）最优服务车辆等级：V1.5~V4+。V1.5 等级车辆是指人工驾驶为主，主要还是由驾驶者操纵车辆，但车辆中装有自适应巡航功能，雷达实时控制车距和车辆加减速，可以实现少数特定场景的自动驾驶，自动调整车辆状态。V4+ 等级车辆是指车辆自动作出自主决策，并且驾驶者无须任何操作，是高度自动化的自动驾驶级别，代表着车辆在特定条件下可以实现完全无须人类干预的自主驾驶。最优服务的车辆等级是 V1.5~V4+，车辆拥有部分自动驾驶能力或完好的自动驾驶能力，驾驶员可以选择将车辆置于自动驾驶模式下，并将操控责任转交给车辆，根据实际情况，驾驶员可选择接管或不接管。

3）可实现的功能：基于交通基础设施的高度自动驾驶。除了在 2025 年 I4 预期目标中提供的功能，是 I4 的增强版。交通控制中心可以控制大部分自动驾驶车辆，以达到更好的全局优化，并且可以优化部署交通基础设施的整个网络。

4）可实现的典型应用场景：除了在 2025 年 I4 预期目标中提供的典型应用场景，

是I4的增强版。不只针对特定场景下的实现，而是在一般大多数场景/区域混合交通场景下均可实现交通基础设施系统对自动驾驶车辆的接管与控制。

3. 至2045年预期目标

1）道路等级：I4++。交通基础设施可以在数毫秒内为单个自动驾驶车辆提供周围车辆的动态信息和横、纵方向控制指令。交通基础设施系统可以实现对自动驾驶车辆进行横向和纵向的控制。在所有场景/区域混合交通场景下，交通基础设施系统均可对自动驾驶车辆进行接管与控制，完成车辆的感知、预测、决策、控制等功能，实现所有场景的高度自动化驾驶。

2）最优服务车辆等级：V1.5~V4++。V1.5等级车辆是指人工驾驶为主，主要还是由驾驶者操纵车辆，但车辆中装有自适应巡航功能，雷达实时控制车距和车辆加减速，可以实现少数特定场景的自动驾驶，自动调整车辆状态。V4++等级车辆是指系统具有更强大的感知能力、更精准的决策能力和更高效的控制能力，使得车辆能够在更复杂的道路和交通条件下实现高度自主的驾驶。最优服务的车辆等级是V1.5~V4++，车辆的等级由部分自动驾驶变化到高度化自动驾驶，在这个阶段的车辆，驾驶员可以将部分或所有任务委托给车辆，车辆根据相关系统配置实现自动驾驶。

3）可实现的功能：基于交通基础设施的高度自动驾驶。除了在2035年预期目标中提供的功能，是I4+的增强版。交通控制中心可以控制所有自动驾驶车辆，以达到更好的全局优化，并且可以优化部署交通基础设施的整个网络。

4）可实现的典型应用场景：除了在2035年预期目标中提供的典型应用场景，是I4+的增强版。在所有场景/区域混合交通场景下，交通基础设施系统均可对自动驾驶车辆进行接管与控制，完成车辆的感知、预测、决策、控制等功能，实现所有场景的高度自动化驾驶。

（二）试验场、封闭园区

封闭园区场景通常具备网格状的结构化道路、中低密度交通流量、中低速行驶速度、运载工具一致性强的特点，交通场景相对城市场景要更简单，更容易推进车路协同自动驾驶。如工业园、办公园区、机场、港口、大型机场、大型景区等。

1. 至2025年预期目标

1）道路等级：I4。交通基础设施为自动驾驶车辆（自动化等级1.5及以上）提供了详细的驾驶指令，可以在特定场景/区域（如预先设定的时空域）实现高度自动化驾驶。遇到特殊情况，由交通基础设施系统进行控制，不需要驾驶员接管。

2）最优服务车辆等级：V1.5~V4。V1.5等级车辆是指人工驾驶为主，主要还是由驾驶者操纵车辆，但可以实现少数特定场景的自动驾驶、自动调整车辆状态。V4等级车辆是指车辆自动作出自主决策，并且驾驶者无须任何操作，一般需依靠可实时更新的道路信息数据支持，完成驾驶场景任务。最优服务的车辆等级是V1.5~V4，车辆拥有部分自动驾驶能力或高度自动驾驶能力，驾驶员可以选择将车辆置于自动驾驶模式下，并将操控责任转交给车辆，在必要时候接管。

3）可实现的功能：基于交通基础设施的高度自动驾驶。试验场、园区内的交通控制中心可以作出更优的调配所覆盖路网中的车辆，以达到更好的全局优化。

在特定场景/区域（如预先设定的时空域）混合交通（指由自动化等级达到1.5或以上的自动驾驶车辆和自动化等级小于1.5的自动驾驶车辆组成）场景下，试验场、园区内交通基础设施系统对自动驾驶车辆进行接管与控制，完成车辆的感知、预测、决策、控制等功能，实现限定场景的高度自动化驾驶。遇到特殊情况，由交通基础设施系统进行控制，不需要驾驶员接管。

4）可实现的典型应用场景：①在混合交通场景下的车辆行驶控制；②紧急情况，系统可主动安全接管；③园区内自动驾驶客货运转运车辆的实时调度与路径优化控制，实现工作人员、原料或货物在园区内的高效流动等。

2. 至2035年预期目标

1）道路等级：I4+。交通基础设施可以在数毫秒内为单个自动驾驶车辆提供周围车辆的动态信息和横、纵方向控制指令。交通基础设施系统可以实现对自动驾驶车辆进行横向和纵向的控制。在一般非特殊场景/区域混合交通场景下，实现大部分场景的高度自动化驾驶。

2）最优服务车辆等级：V1.5~V4+。V1.5等级车辆是指人工驾驶为主，但车辆中装有自适应巡航功能，雷达实时控制车距和车辆加减速，可以实现少数特定场景的自动驾驶，自动调整车辆状态。V4+等级车辆是指车辆自动作出自主决策，是高度自动化的自动驾驶级别，代表着车辆在特定条件下可以实现完全无须人类干预的自主驾驶。最优服务的车辆等级是V1.5~V4+，车辆拥有部分自动驾驶能力或完好的自动驾驶能力，驾驶员可以选择将车辆置于自动驾驶模式下，并将操控责任转交给车辆，根据实际情况，驾驶员可选择接管或不接管车辆。

3）可实现的功能：基于交通基础设施的高度自动驾驶。除了在2025年I4预期目标中提供的功能，是I4的增强版。交通控制中心可以控制大部分自动驾驶车辆，以达到更好的全局优化，并且可以优化部署交通基础设施的整个网络。

4）可实现的典型应用场景：除了在 2025 年 I4 预期目标中提供的典型应用场景，是 I4 的增强版。不只针对特定场景下的实现，而是在一般大多数场景/区域混合交通场景下均可实现交通基础设施系统对自动驾驶车辆的接管与控制。

3. 至 2045 年预期目标

1）道路等级：I4++。交通基础设施可以在数毫秒内为单个自动驾驶车辆提供周围车辆的动态信息和横、纵方向控制指令。在所有场景/区域混合交通场景下，交通基础设施系统均可对自动驾驶车辆进行接管与控制，完成车辆的感知、预测、决策、控制等功能，实现所有场景的高度自动化驾驶。

2）最优服务车辆等级：V1.5~V4++。V1.5 等级车辆是指人工驾驶为主，但车辆中装有自适应巡航功能，雷达实时控制车距和车辆加减速，可以实现少数特定场景的自动驾驶、自动调整车辆状态。V4++ 等级车辆是指系统具有更强大的感知能力、更精准的决策能力和更高效的控制能力，使得车辆能够在更复杂的道路和交通条件下实现高度自主的驾驶。最优服务的车辆等级是 V1.5~V4++，车辆的等级由部分自动驾驶变化到高度化自动驾驶，在这个阶段的车辆，驾驶员可以将部分或所有任务委托给车辆，车辆根据相关系统配置实现自动驾驶。

3）可实现的功能：基于交通基础设施的高度自动驾驶。除了在 I4+ 预期目标中提供的功能外，是 I4 的增强版。交通控制中心可以控制大部分自动驾驶车辆，以达到更好的全局优化，并且可以优化部署交通基础设施的整个网络。

4）可实现的典型应用场景：除了在 I4 预期目标中提供的典型应用场景，是 I4 的增强版。不只针对特定场景下的实现，而是在大多数场景/区域混合交通场景下均可实现交通基础设施系统对自动驾驶车辆的接管与控制。

（三）自动泊车停车场

1. 至 2025 年预期目标

1）道路等级：I4。交通基础设施为自动驾驶车辆（自动化等级 1.5 及以上）提供了详细的驾驶指令，可以在特定场景/区域（如预先设定的时空域）实现高度自动化驾驶。遇到特殊情况，由交通基础设施系统进行控制，不需要驾驶员接管。

2）最优服务车辆等级：V1.5~V4。V1.5 等级车辆是指人工驾驶为主，主要还是由驾驶者操纵车辆，但可以实现少数特定场景的自动驾驶，自动调整车辆状态。V4 等级车辆是指车辆自动作出自主决策，并且驾驶者无须任何操作，一般需依靠可实时更新的道路信息数据支持，完成驾驶场景任务。最优服务的车辆等级是 V1.5~V4，车辆拥有部分自动驾驶能力或高度自动驾驶能力，驾驶员可以选择将车辆置于自动驾驶模式下，并将操控责任转交给车辆，在必要时候接管。

3）可实现的功能：基于交通基础设施的高度自动驾驶。停车场交通控制中心可以作出更优的调配所覆盖路网中的车辆，以达到更好的全局优化。

在特定场景/区域（如预先设定的时空域）混合交通（指由自动化等级达到 1.5 或以上的自动驾驶车辆和自动化等级小于 1.5 的自动驾驶车辆组成）场景下，交通基础设施系统对自动驾驶车辆进行接管与控制，完成车辆的感知、预测、决策、控制等功能，实现限定场景的高度自动化泊车。遇到特殊情况，由交通基础设施系统进行控制，不需要驾驶员接管。

4）可实现的典型应用场景：①紧急情况，系统主动安全接管；②临近停车场信息共享，实现区域不同停车场之间可共享车位并引导车辆自动停泊。

2. 至 2035 年预期目标

1）道路等级：I4+。交通基础设施可以在数毫秒内为单个自动驾驶车辆提供周围车辆的动态信息和横、纵方向控制指令。交通基础设施系统可以实现对自动驾驶车辆进行横向和纵向的控制。在一般非特殊场景/区域混合交通场景下，实现大部分场景的高度自动化驾驶。

2）最优服务车辆等级：V1.5~V4+。V1.5 等级车辆是指人工驾驶为主，但车辆中装有自适应巡航功能，雷达实时控制车距和车辆加减速，可以实现少数特定场景的自动驾驶、自动调整车辆状态。V4+ 等级车辆是指车辆自动作出自主决策，是高度自动化的自动驾驶级别，代表着车辆在特定条件下可以实现完全无须人类干预的自主驾驶。最优服务的车辆等级是 V1.5~V4+，车辆拥有部分自动驾驶能力或完好的自动驾驶能力，驾驶员可以选择将车辆置于自动驾驶模式下，并将操控责任转交给车辆，根据实际情况，驾驶员可选择接管或不接管车辆。

3）可实现的功能：基于交通基础设施的高度自动驾驶。除了在 2025 年 I4 预期目标中提供的功能，是 I4 的增强版。交通控制中心可以控制大部分自动驾驶车辆，以达到更好的全局优化，并且可以优化部署交通基础设施的整个网络。

4）可实现的典型应用场景：除了在 2025 年 I4 预期目标中提供的典型应用场景，是 I4 的增强版。不只针对特定场景下的实现，而是在一般大多数场景/区域混合交通场景下均可实现交通基础设施系统对自动驾驶车辆的接管与控制。

3. 至2045年预期目标

1）道路等级：I4++。交通基础设施可以在数毫秒内为单个自动驾驶车辆提供周围车辆的动态信息和横、纵方向控制指令。在所有场景/区域混合交通场景下，交通基础设施系统均可对自动驾驶车辆进行接管与控制，完成车辆的感知、预测、决策、控制等功能，实现所有场景的高度自动化驾驶。

2）最优服务车辆等级：V1.5~V4++。V1.5等级车辆是指人工驾驶为主，但车辆中装有自适应巡航功能，雷达实时控制车距和车辆加减速，可以实现少数特定场景的自动驾驶、自动调整车辆状态。V4++等级车辆是指系统具有更强大的感知能力、更精准的决策能力和更高效的控制能力，使得车辆能够在更复杂的道路和交通条件下实现高度自主的驾驶。最优服务的车辆等级是V1.5~V4++，车辆的等级由部分自动驾驶变化到高度化自动驾驶，在这个阶段的车辆，驾驶员可以将部分或所有任务委托给车辆，车辆根据相关系统配置实现自动驾驶。

3）可实现的功能：基于交通基础设施的高度自动驾驶。除了在I4+预期目标中提供的功能，是I4+的增强版。交通基础设施可以在数毫秒内为所有场景中的单个自动驾驶车辆提供周围车辆的动态信息和横、纵方向控制指令。交通控制中心可以控制所有自动驾驶车辆，以达到全局优化，并且可以优化部署交通基础设施的整个网络。

4）可实现的典型应用场景：除了在I4+预期目标中提供的典型应用场景外，是I4+的增强版。在所有场景/区域混合交通场景下，交通基础设施系统均可对自动驾驶车辆进行接管与控制，完成车辆的感知、预测、决策、控制等功能，实现所有场景的高度自动化驾驶。

（四）隧道应用场景

隧道山体较厚、行车空间较封闭且狭小、光线较暗等特点，车辆端的定位、环境感知及通信将受到较大影响，且隧道内的交通事故危害较大，为了保障隧道内外车路协同自动驾驶服务的连续、安全运行，对隧道交通基础设施的技术要求更完善。

在信息化方面，需要提供相比于普通路段而言更高精度的隧道前后一定范围（包含车道变窄及展宽段）及隧道内的静态二维、三维地理信息（包含车道、山体等），并能通过安装相关辅助设备，实现对进入监测区域车辆的识别、运动信息（坐标、速度等）提取及隧道内车辆与车辆之间、车辆与交通基础设施间的正常通信，同时也应对隧道环境（隧道内外亮度、风速、风向、氧气、一氧化碳浓度等）信息进行监测，并通过相关基础设施实现对隧道内交通状态及异常事件的实时发布与响应。在智能化及自动化方面，由于大部分隧道不允许车辆变道及超车且因光线较暗易发生车辆追尾事故，故路侧基础设施或控制中心可依据车辆运动信息进行预测和深度分析，优化车辆驾驶决策，并通过 I2X 通信主要为车辆提供纵向控制的建议或指令，或由隧道交通基础设施直接控制车辆自动化驾驶。

以下为隧道应用场景在技术示范期的分阶段预期目标。

1. 至 2025 年预期目标

1）道路等级：I4。交通基础设施为自动驾驶车辆（自动化等级 1.5 及以上）提供了详细的驾驶指令，可以在特定场景/区域（如预先设定的时空域）实现高度自动化驾驶。遇到特殊情况，由交通基础设施系统进行控制，不需要驾驶员接管。

2）最优服务车辆等级：V1.5~V4。V1.5 等级车辆是指人工驾驶为主，主要还是由驾驶者操纵车辆，但可以实现少数特定场景的自动驾驶。V4 等级车辆是指车辆自动作出自主决策，并且驾驶者无须任何操作，完成驾驶场景任务。最优服务的车辆等级是 V1.5~V4，车辆拥有部分自动驾驶能力或高度自动驾驶能力，驾驶员可以选择将车辆置于自动驾驶模式下，并将操控责任转交给车辆，在必要时候接管。

3）可实现的功能：基于交通基础设施的高度自动驾驶。控制中心可以更优地调配隧道所覆盖路网中的车辆，以达到更好的路段全局优化，可以优化部署交通基础设施的整个网络。

在特定场景/区域（如预先设定的时空域）混合交通场景下，交通基础设施系统对自动驾驶车辆进行接管与控制，完成车辆的感知、预测、决策、控制等功能，实现限定场景的高度自动化驾驶。混合交通是指由自动化等级达到 1.5 或以上的自动驾驶车辆和自动化等级小于 1.5 的自动驾驶车辆组成。遇到特殊情况，由系统进行控制，不需要驾驶员接管。

4）可实现的典型应用场景：①在混合交通场景下为车辆提供纵横向驾驶决策与控制类主要场景；②紧急情况，系统主动安全接管；③混合交通的管理与控制，例如通过使用附近的或平行车道可平衡交通需求，也可使用控制策略等。

2. 至 2035 年预期目标

1）道路等级：I4+。交通基础设施系统可以实现对自动驾驶车辆进行横向和纵向的控制。在一般非特殊场景/区域混合交通场景下，实现大部分场景的高度自动化驾驶。

2）最优服务车辆等级：V1.5~V4+。V1.5 等级车辆是指人工驾驶为主，但车辆中装有自适应巡航功能，雷达实时控制车距和车辆加减速，可以实现少数特定场景的自动驾驶，自动调整车辆状态。V4+ 等级车辆是指车辆自动作出自主决策，是高度自动化的自动驾驶级别，代表着车辆在特定条件下可以实现完全无须人类干预的自主驾驶。最优服务的车辆等级是 V1.5~V4+，车辆拥有部分自动驾驶能力或完好的自动驾驶能力，驾驶员可以选择将车辆置于自动驾驶模式下，并将操控责任转交给车辆，根据实际情况，驾驶员可选择接管或不接管车辆。

3）可实现的功能：基于交通基础设施的高度自动驾驶。除了在 2025 年 I4 预期目标中提供的功能，是 I4 的增强版。交通控制中心可以控制大部分自动驾驶车辆，以达到更好的全局优化，并且可以优化部署交通基础设施的整个网络。

4）可实现的典型应用场景：除了在 2025 年 I4 预期目标中提供的典型应用场景，是 I4 的增强版。不只针对特定场景下的实现，而是在一般大多数场景/区域混合交通场景下均可实现交通基础设施系统对自动驾驶车辆的接管与控制。

3. 至 2045 年预期目标

1）道路等级：I4++。在所有场景/区域混合交通场景下，交通基础设施系统均可对自动驾驶车辆进行接管与控制，完成车辆的感知、预测、决策、控制等功能，实现所有场景的高度自动化驾驶。

2）最优服务车辆等级：V1.5~V4++。V1.5 等级车辆是指人工驾驶为主，但车辆中装有自适应巡航功能，雷达实时控制车距和车辆加减速，可以实现少数特定场景的自动驾驶，自动调整车辆状态。V4++ 等级车辆是指系统具有更强大的感知能力、更精准的决策能力和更高效的控制能力，使得车辆能够在更复杂的道路和交通条件下实现高度自主的驾驶。最优服务的车辆等级是 V1.5~V4++，车辆的等级由部分自动驾驶变化到高度化自动驾驶，在这个阶段的车辆，驾驶员可以将部分或所有任务委托给车辆，车辆根据相关系统配置实现自动驾驶。

3）可实现的功能：基于交通基础设施的高度自动驾驶。除了在 2035 年 I4+ 预期目标中提供的功能，是 I4+ 的增强版。交通控制中心可以控制所有自动驾驶车辆，以达到全局优化，并且可以优化部署交通基础设施的整个网络。

4）可实现的典型应用场景：除了在 2035 年 I4+ 预期目标中提供的典型应用场景，是 I4+ 的增强版。在所有场景/区域混合交通场景下，交通基础设施系统均可对自动驾驶车辆进行接管与控制，完成车辆的感知、预测、决策、控制等功能，实现所有场景的高度自动化驾驶。

（五）货运专线

1. 至 2025 年预期目标

1）道路等级：I4。交通基础设施为自动驾驶车辆（自动化等级1.5及以上）提供了详细的驾驶指令，可以在特定场景/区域（如预先设定的时空域）实现高度自动化驾驶。遇到特殊情况，由交通基础设施系统进行控制，不需要驾驶员接管。

2）最优服务车辆等级：V1.5~V4。V1.5等级车辆是指人工驾驶为主，主要还是由驾驶者操纵车辆，但可以实现少数特定场景的自动驾驶。V4等级车辆是指车辆自动作出自主决策，并且驾驶者无须任何操作，完成驾驶场景任务。最优服务的车辆等级是V1.5~V4，车辆拥有部分自动驾驶能力或高度自动驾驶能力，驾驶员可以选择将车辆置于自动驾驶模式下，并将操控责任转交给车辆，在必要时候接管。

3）可实现的功能：基于交通基础设施的高度自动驾驶。在混合交通场景下，交通控制中心可以进一步优化调配所覆盖路网中的车辆，以达到全局更优。

在特定区域（如预先设定的时空域）的混合交通场景下，交通基础设施系统对自动驾驶车辆进行接管与控制，完成车辆的感知、预测、决策、控制等功能，实现主要场景下的高度自动化驾驶。遇到特殊情况，由交通基础设施系统进行控制，不需要驾驶员接管。

4）可实现的典型应用场景：①在混合交通场景下为车辆提供纵横向驾驶决策与控制类主要场景；②紧急情况，系统主动安全接管；③混合交通的管理与控制，例如通过使用附近的或平行车道可平衡交通需求，也可使用控制策略，如当前方发生事故时可选择换向行驶；④主要区域的实时交通流优化、车流引导与控制等。

2. 至 2035 年预期目标

1）道路等级：I4+。交通基础设施系统可以实现对自动驾驶车辆进行横向和纵向的控制。在一般非特殊场景/区域混合交通场景下，实现大部分场景的高度自动化驾驶。

2）最优服务车辆等级：V1.5~V4+。V1.5等级车辆是指人工驾驶为主，但车辆中装有自适应巡航功能，雷达实时控制车距和车辆加减速，可以实现少数特定场景的自动驾驶，自动调整车辆状态。V4+等级车辆是指车辆自动作出自主决策，是高度自动化的自动驾驶级别，代表着车辆在特定条件下可以实现完全无须人类干预的自主驾驶。最优服务的车辆等级是V1.5~V4+，车辆拥有部分自动驾驶能力或完好的自动驾驶能力，驾驶员可以选择将车辆置于自动驾驶模式下，并将操控责任转交给车辆，根据实际情况，驾驶员可选择接管或不接管车辆。

3）可实现的功能：基于交通基础设施的高度自动驾驶。除了在 2025 年 I4 预期目标中提供的功能，是 I4 的增强版。交通控制中心可以控制大部分自动驾驶车辆，以达到更好的全局优化，并且可以优化部署交通基础设施的整个网络。

4）可实现的典型应用场景：除了在 2025 年 I4 预期目标中提供的典型应用场景，是 I4 的增强版。不只针对特定场景下的实现，而是在一般大多数场景/区域混合交通场景下均可实现交通基础设施系统对自动驾驶车辆的接管与控制。

3. 至 2045 年预期目标

1）道路等级：I4++。在所有场景/区域混合交通场景下，交通基础设施系统均可对自动驾驶车辆进行接管与控制，完成车辆的感知、预测、决策、控制等功能，实现所有场景的高度自动化驾驶。

2）最优服务车辆等级：V1.5~V4++。V1.5 等级车辆是指人工驾驶为主，但车辆中装有自适应巡航功能，雷达实时控制车距和车辆加减速，可以实现少数特定场景的自动驾驶、自动调整车辆状态。V4++ 等级车辆是指系统具有更强大的感知能力、更精准的决策能力和更高效的控制能力，使车辆能够在更复杂的道路和交通条件下实现高度自主的驾驶。最优服务的车辆等级是 V1.5~V4++，车辆的等级由部分自动驾驶变化到高度化自动驾驶，在这个阶段的车辆，驾驶员可以将部分或所有任务委托给车辆，车辆根据相关系统配置实现自动驾驶。

3）可实现的功能：基于交通基础设施的高度自动驾驶。除了在 2035 年预期目标中提供的功能，是 I4+ 的增强版。交通控制中心可以控制所有自动驾驶车辆，以达到全局优化，并且可以优化部署交通基础设施的整个网络。

4）可实现的典型应用场景：除了在 2035 年预期目标中提供的典型应用场景外，是 I4+ 的增强版。在所有场景/区域混合交通场景下，交通基础设施系统均可对自动驾驶车辆进行接管与控制，完成车辆的感知、预测、决策、控制等功能，实现所有场景的高度自动化驾驶。

（六）城市快速路

1. 至 2025 年预期目标

1）道路等级：I3。高度网联化的交通基础设施可以在数毫秒内为单个自动驾驶车辆（自动化等级 1.5 及以上）提供周围车辆的动态信息和控制指令，可以在包括专用车道的主要道路上实现有条件的自动化驾驶。遇到特殊情况，需要驾驶员接管车辆进行控制。

2）最优服务车辆等级：V1.5~V2+。V1.5 等级车辆是指人工驾驶为主，但车辆中装有自适应巡航功能，雷达实时控制车距和车辆加减速，可以实现少数特定场景的自动驾驶，自动调整车辆状态。V2+ 等级车辆是指车辆配备了更先进的驾驶辅助系统，可以在更广泛的道路情况下接管车辆的控制，但仍然需要驾驶员的持续监督和介入。最优服务的车辆等级是 V1.5~V2+，车辆具有部分自动驾驶能力，可执行一些特定任务辅助驾驶员，如加速、转向和制动等，达到更优的驾驶性能。

3）可实现的功能：基于交通基础设施的有条件自动驾驶和高度网联化。智能网联道路系统具备一定的信息化和智能化，同时以此为基础，在交通基础设施覆盖的道路上可以支持单个自动驾驶车辆的自动化驾驶。

交通基础设施可以为单个自动驾驶车辆提供周围车辆和环境的实时动态信息，并基于通信技术（I2X 等）将横纵方向控制指令发给单车以实现单车自动驾驶。其中要求自动驾驶车辆的自动化等级达到 1.5 或以上，即交通基础设施系统可实现对自动驾驶车辆进行横向和纵向的控制。

如果是严格的物理隔离的自动驾驶专用车道（简称"专用车道"），即车道中没有不受控制的自动驾驶车辆，那么智能网联道路系统控制中心可以完全控制所有的自动驾驶车辆，适当调配，以达到全局优化。

在包括专用车道的特定场景下，交通基础设施系统对自动驾驶车辆进行接管与控制，完成车辆的感知、预测、决策、控制等功能，实现自动化驾驶。但遇到特殊情况，需要驾驶员接管自动驾驶车辆进行控制。

4）可实现的典型应用场景：①为车辆纵横向驾驶提供决策与控制类场景；②远程车辆诊断；③道路交通优化与管理控制类场景，包括：专用车道管理与控制（例如通过使用附近的或平行车道可平衡交通需求，也可使用控制策略，如当前方发生事故时可选择换向行驶），匝道控制（例如根据主路和匝道的实时交通信息来优化匝道控制），走廊层的实时交通流优化、车流引导与控制等。

2. 至 2035 年预期目标

1）道路等级：I3+。交通基础设施为自动驾驶车辆（自动化等级 1.5 及以上）提供了详细的驾驶指令，可以在特定场景/区域（如预先设定的时空域）实现有条件的自动化驾驶。

2）最优服务车辆等级：V1.5~V3。V1.5 等级车辆是指人工驾驶为主，但车辆中装有自适应巡航功能，雷达实时控制车距和车辆加减速，可以实现少数特定场景的自动驾驶，自动调整车辆状态。V3 等级车辆是指车辆已经具备了有条件的自动化驾驶功能。驾驶员可以选择将车辆置于自动驾驶模式下，并将操控责任转交给车辆。然而，驾驶员仍然需要在特定情况下接管控制。最优服务车辆等级是 V1.5~V3，车辆等级从辅助驾驶到实现一定条件下的自动驾驶，车辆可实现车道保持、自适应巡航控制和自动加减速，在高速公路上自动驾驶等功能。

3）可实现的功能：基于交通基础设施的有条件自动驾驶和高度网联化。除了在 2025 年 I3 预期目标中提供的功能，是 I3 的增强版。交通控制中心对专用车道中的所有车辆都可以较好地调配所覆盖路网中的可以调配的车辆，以达到较好的全局优化。

4）可实现的典型应用场景：除了在 2025 年 I3 预期目标中提供的典型应用场景，是 I3 的增强版。在包括专用车道的所有道路场景中，交通基础设施系统对自动驾驶车辆进行接管与控制，完成车辆的感知、预测、决策、控制等功能，实现限定场景的自动化驾驶。

3. 至 2045 年预期目标

1）道路等级：I4+。交通基础设施系统可以实现对自动驾驶车辆进行横向和纵向的控制。在一般非特殊场景/区域混合交通场景下，实现大部分场景的高度自动化驾驶。

2）最优服务车辆等级：V1.5~V4+。V1.5 等级车辆是指人工驾驶为主，但车辆中装有自适应巡航功能，雷达实时控制车距和车辆加减速，可以实现少数特定场景的自动驾驶，自动调整车辆状态。V4+ 等级车辆是指车辆自动作出自主决策，是高度自动化的自动驾驶级别，代表着车辆在特定条件下可以实现完全无须人类干预的自主驾驶。最优服务的车辆等级是 V1.5~V4+，车辆拥有部分自动驾驶能力或完好的自动驾驶能力，驾驶员可以选择将车辆置于自动驾驶模式下，并将操控责任转交给车辆，根据实际情况，驾驶员可选择接管或不接管车辆。

3）可实现的功能：基于交通基础设施的高度自动驾驶。除了在 2035 年预期目标中提供的功能，可实现在混合交通场景下，道路控制中心可以进一步优化调配所覆盖路网中的车辆，以达到全局更优。在特定区域（如预先设定的时空域）的混合交通场景下，交通基础设施系统对自动驾驶车辆进行接管与控制，完成车辆的感知、预测、决策、控制等功能，实现高度自动化驾驶。遇到特殊情况，由交通基础设施系统进行控制，不需要驾驶员接管。

4）可实现的典型应用场景：除了在 2035 年预期目标中提供的功能，可实现：①在混合交通场景下为车辆提供纵横向驾驶决策与控制类主要场景；②紧急情况，系统主动安全接管；③混合交通的管理与控制，如通过使用附近的或平行车道可平衡交通需求，也可使用控制策略，如当前方发生事故时可选择换向行驶；④主要区域的实时交通流优化，车流引导与控制等。

（七）城市主干道

1. 至 2025 年预期目标

1) 道路等级：I2+。交通基础设施具备复杂传感和深度预测功能，数据之间能够高度融合，信息采集、处理和传输的时延低。全部数据可以在车辆与车辆之间、车辆与交通基础设施之间信息共享。

2) 最优服务车辆等级：V1.5~V2。V1.5 等级车辆是指人工驾驶为主，但车辆中装有自适应巡航功能，雷达实时控制车距和车辆加减速，可以实现少数特定场景的自动驾驶，自动调整车辆状态。V2 等级车辆是指车辆具有部分自动驾驶能力。驾驶员可以将一些任务委托给车辆，如加速、转向和制动。然而，驾驶员仍然需要保持对车辆的监控，并随时准备接管控制权。最优服务的车辆等级是 V1.5~V2，车辆可实现部分自动驾驶功能，如车道保持辅助和自适应巡航控制等，协助驾驶员进行特定的任务。

3) 可实现的功能：部分网联化、部分智能化、部分自动化。是 I2 的增强版。道路和车辆之间能够进行实时信息交互，即道路系统依托 I2X 通信为车辆提供横向和纵向控制的建议或指令，交通控制中心可以作出一定程度调配所覆盖路网中的可以调配的车辆，以达到一定程度的全局优化。

4) 可实现的典型应用场景：在有限场景以及少数专用车道场景内，交通基础设施系统可以对自动驾驶车辆进行接管与控制，实现限定场景的自动化驾驶，但遇到特殊情况，需要驾驶员接管自动驾驶车辆进行控制。

2. 至 2035 年预期目标

1) 道路等级：I3。高度网联化的交通基础设施可以在数毫秒内为单个自动驾驶车辆（自动化等级 1.5 及以上）提供周围车辆的动态信息和控制指令，可以在包括专用车道的主要道路上实现有条件的自动化驾驶。遇到特殊情况，需要驾驶员接管车辆进行控制。

2) 最优服务车辆等级：V1.5~V2+。V1.5 等级车辆是指人工驾驶为主，但车辆中装有自适应巡航功能，雷达实时控制车距和车辆加减速，可以实现少数特定场景的自动驾驶，自动调整车辆状态。V2+ 等级车辆是指车辆配备了更先进的驾驶辅助系统，可以在更广泛的道路情况下接管车辆的控制，但仍然需要驾驶员的持续监督和介入。

最优服务的车辆等级是 V1.5~V2+，车辆具有部分自动驾驶能力，可执行一些特定任务辅助驾驶员，如加速、转向和制动等，达到更优的驾驶性能。

3）可实现的功能：基于交通基础设施的有条件自动驾驶和高度网联化。智能网联道路系统具备一定的信息化和智能化，同时以此为基础，在交通基础设施覆盖的道路上可以支持单个自动驾驶车辆的自动化驾驶。

交通基础设施可以为单个自动驾驶车辆提供周围车辆和环境的实时动态信息，并基于通信技术（I2X 等）将横纵方向控制指令发给单车以实现单车自动驾驶。其中要求自动驾驶车辆的自动化等级达到 1.5 或以上，即交通基础设施系统可实现对自动驾驶车辆进行横向和纵向的控制。

如果是严格的物理隔离的自动驾驶专用车道，即车道中没有不受控制的自动驾驶车辆，那么智能网联道路系统控制中心可以完全控制所有的自动驾驶车辆，适当调配，以达到全局优化。

在包括专用车道的特定场景下，交通基础设施系统对自动驾驶车辆进行接管与控制，完成车辆的感知、预测、决策、控制等功能，实现自动化驾驶。但遇到特殊情况，需要驾驶员接管自动驾驶车辆进行控制。

4）可实现的典型应用场景：除了在 2025 年预期目标中提供的典型应用场景，可实现：①为车辆纵横向驾驶提供决策与控制类场景；②远程车辆诊断；③道路交通优化与管理控制类场景，包括：专用车道管理与控制（例如通过使用附近的或平行车道可平衡交通需求，也可使用控制策略，如当前方发生事故时可选择换向行驶），匝道控制（例如根据主路和匝道的实时交通信息来优化匝道控制），区域主干道路网的实时交通流优化、车流引导与控制等。

3. 至 2045 年预期目标

1）道路等级：I3+。交通基础设施为自动驾驶车辆（自动化等级 1.5 及以上）提供了详细的驾驶指令，可以在特定场景/区域（如预先设定的时空域）实现有条件的自动化驾驶。

2）最优服务车辆等级：V1.5~V3。V1.5 等级车辆是指人工驾驶为主，但车辆中装有自适应巡航功能，雷达实时控制车距和车辆加减速，可以实现少数特定场景的自动驾驶。V3 等级车辆是指车辆已经具备了有条件的自动化驾驶功能。驾驶员可以选择将车辆置于自动驾驶模式下。然而，驾驶员仍然需要在特定情况下接管控制。最优服务车辆等级是 V1.5~V3，车辆等级从辅助驾驶到实现一定条件下的自动驾驶，车辆可实现车道保持、自适应巡航控制和自动加减速，在高速公路上自动驾驶等功能。

3）可实现的功能：基于交通基础设施的有条件自动驾驶和高度网联化。除了在I3预期目标中提供的功能，是I3的增强版。交通控制中心对专用车道中的所有车辆都可以较好地调配所覆盖路网中的可以调配的车辆，以达到较好的全局优化。

4）可实现的典型应用场景：除了在I3预期目标中提供的典型应用场景，是I3的增强版。在包括专用车道的所有道路场景中，交通基础设施系统对自动驾驶车辆进行接管与控制，完成车辆的感知、预测、决策、控制等功能，实现限定场景的自动化驾驶。

（八）城市次干道、连接路

1. 至2025年预期目标

1）道路等级：I1+。交通基础设施具备微观传感、基础预测功能以及一定的深度预测功能，可以支持低空间、少数高空间和时间解析度的交通信息服务、交通管理和驾驶辅助。

2）最优服务车辆等级：不限。对于任何等级的车辆均适用于道路等级在I1+的水平的城市次干道、连接路，这些道路对于车辆等级的适应范围广，包容性强。

3）可实现的功能：初步数字化、初步智能化、初步自动化。各种类型数据之间可以进行有效融合，信息采集、处理和传输之间有略微的时延。交通基础设施感知信息和预测结果可实时提供给车辆，辅助车辆自动驾驶。

4）可实现的典型应用场景：交通基础设施系统可以辅助车辆自动驾驶，可提供信息服务和主动交通管理服务，但遇到特殊情况，需要驾驶员接管自动驾驶车辆进行控制。

2. 至2035年预期目标

1）道路等级：I2+。交通基础设施具备复杂传感和深度预测功能，数据之间能够高度融合，信息采集、处理和传输的时延低。全部数据可以在车辆与车辆之间、车辆与交通基础设施之间信息共享。

2）最优服务车辆等级：V1.5~V2。V1.5等级车辆是指人工驾驶为主，但车辆中装有自适应巡航功能，雷达实时控制车距和车辆加减速，可以实现少数特定场景的自动驾驶。V2等级车辆是指车辆已经具备了部分自动驾驶能力，驾驶员可以将一些任务委托给车辆，如加速、转向和制动。然而，驾驶员仍然需要保持对车辆的监控，并随时准备接管控制权。最优服务的车辆等级是V1.5~V2，车辆可实现部分自动驾驶功能，如车道保持辅助和自适应巡航控制等，协助驾驶员进行特定的任务。

3）可实现的功能：部分网联化、部分智能化、部分自动化。智能网联道路系统可实现主要的交通基础设施等静态数据与次干道、连接路的环境等动态数据在时空上的连续监测和实时更新，自动处理非结构化数据。

数据之间能够高度融合，信息采集、处理和传输的时延低。部分数据可以在车辆与车辆之间、车辆与交通基础设施之间信息共享。

道路系统能够根据感知信息进行长期预测和深度分析，具备一定的决策和控制功能，可为车辆纵横向控制提供一定的参考，优化车辆驾驶决策。

道路和车辆之间能够进行一定的实时信息交互，即道路系统依托 I2X 通信为车辆提供横向和纵向控制的建议或指令。同时，车辆向道路反馈其最新决策信息，适时调配，以达到局部优化。

在限定场景下，智能网联道路系统可以对自动驾驶车辆进行接管与控制，实现自动化驾驶，但遇到特殊情况，需要驾驶员接管自动驾驶车辆进行控制。

4）可实现的典型应用场景：①为车辆提供道路环境与实时交通信息类场景，包括城市次干道、连接路环境信息提供，例如交通服务设施信息、车道汇合提醒、弯道限速提醒、实时红绿灯信息、人行道信息、慢行车道信息、标志标线、重要结构物、车道类型、可变车道信息等；实时交通信息提供，例如前方交通拥堵提醒、天气状况、路面湿滑程度、停车限制、转向限制；突发事件及交通管制信息，例如前方交通事故提醒、前方交通管制提醒、特殊车辆避让（警车、救护车、消防车）；②为车辆纵横向辅助驾驶提供决策与控制类场景，包括：车速引导/控制，例如单车或列队车辆跟驰辅助/控制；车道保持辅助/控制，例如航道偏离警示、航道偏离辅助；变道与超车辅助/控制；③道路主动安全预警与紧急控制类场景，包括：紧急情况预警提醒，例如前方碰撞预警、盲点警告、路口碰撞预警、紧急制动预警（电子紧急制动灯）；紧急情况应对预案；④道路交通优化与管理控制类场景，包括：实时路径规划与导航信息提供，例如行驶路径、线路绕行；城市主干路实时信号配时，例如收集并分析交叉口车辆实际行驶速度及停车起步数据，使信号的实时控制更加有效；违反信号或停车标志警告；路段层实时交通流优化，车流引导与控制。

3. 至 2045 年预期目标

1）道路等级：I3。高度网联化的交通基础设施可以在数毫秒内为单个自动驾驶车辆（自动化等级 1.5 及以上）提供周围车辆的动态信息和控制指令，可以在包括专用车道的主要道路上实现有条件的自动化驾驶。遇到特殊情况，需要驾驶员接管车辆进行控制。

2）最优服务车辆等级：V1.5~V2+。V1.5等级车辆是指人工驾驶为主，但车辆中装有自适应巡航功能，雷达实时控制车距和车辆加减速，可以实现少数特定场景的自动驾驶。V2+等级车辆是指车辆配备了更先进的驾驶辅助系统，可以在更广泛的道路情况下接管车辆的控制，但仍然需要驾驶员的持续监督和介入。最优服务的车辆等级是V1.5~V2+，车辆具有部分自动驾驶能力，可执行一些特定任务辅助驾驶员，如加速、转向和制动等，达到更优的驾驶性能。

3）可实现的功能：基于交通基础设施的有条件自动驾驶和高度网联化。智能网联道路系统具备一定的信息化和智能化，同时以此为基础，在交通基础设施覆盖的道路上可以支持单个自动驾驶车辆的自动化驾驶。

交通基础设施可以为单个自动驾驶车辆提供周围车辆和环境的实时动态信息，并基于通信技术（I2X等）将横纵方向控制指令发给单车以实现单车自动驾驶。其中要求自动驾驶车辆的自动化等级达到1.5或以上，即交通基础设施系统可实现对自动驾驶车辆进行横向和纵向的控制。

如果是严格的物理隔离的自动驾驶专用车道，即车道中没有不受控制的自动驾驶车辆，那么智能网联道路系统控制中心可以完全控制所有的自动驾驶车辆，适当调配，以达到全局优化。

在包括专用车道的特定场景下，交通基础设施系统对自动驾驶车辆进行接管与控制，完成车辆的感知、预测、决策、控制等功能，实现自动化驾驶。但遇到特殊情况，需要驾驶员接管自动驾驶车辆进行控制。

4）可实现的典型应用场景：除了在2035年预期目标中提供的典型应用场景，可实现：①为车辆纵横向驾驶提供决策与控制类场景；②远程车辆诊断；③道路交通优化与管理控制类场景，包括：专用车道管理与控制（例如通过使用附近的或平行车道可平衡交通需求，也可使用控制策略，如当前方发生事故时可选择换向行驶），匝道控制（例如根据主路和匝道的实时交通信息来优化匝道控制），区域路网的实时交通流优化、车流引导与控制等。

（九）公交专线预期目标

公交路线相对固定且周期性很强，具有时间固定、路线固定等特点。智能网联公交专线发展目标是不断提升道路基础设施信息化、网联化水平，为不同等级的智能网联公交车及快速公交提供必要的条件支撑，充分发掘与发挥智能网联公交车及快速公交在改善安全、提高效率、降低能耗与污染方面的潜力。

1. 至 2025 年预期目标

1）道路等级：I3。高度网联化的交通基础设施可以在数毫秒内为单个自动驾驶车辆（自动化等级 1.5 及以上）提供周围车辆的动态信息和控制指令，可以在包括专用车道的主要道路上实现有条件的自动化驾驶。遇到特殊情况，需要驾驶员接管车辆进行控制。

2）最优服务车辆等级：V1.5~V2+。V1.5 等级车辆是指人工驾驶为主，但车辆中装有自适应巡航功能，雷达实时控制车距和车辆加减速，可以实现少数特定场景的自动驾驶。V2+ 等级车辆是指车辆配备了更先进的驾驶辅助系统，可以在更广泛的道路情况下接管车辆的控制，但仍然需要驾驶员的持续监督和介入。最优服务的车辆等级是 V1.5~V2+，车辆具有部分自动驾驶能力，可执行一些特定任务辅助驾驶员，如加速、转向和制动等，达到更优的驾驶性能。

3）可实现的功能：基于交通基础设施的有条件自动驾驶和高度网联化。智能网联道路系统具备一定的信息化和智能化，同时以此为基础，在交通基础设施覆盖的道路上可以支持单个自动驾驶公交车辆的自动化驾驶。

交通基础设施可以为单个自动驾驶公交车辆提供周围车辆和环境的实时动态信息，并基于通信技术（I2X 等）将横纵方向控制指令发给单车以实现单车自动驾驶。其中要求自动驾驶车辆的自动化等级达到 1.5 或以上，即交通基础设施系统可实现对自动驾驶车辆进行横向和纵向的控制。

如果是严格的物理隔离的自动驾驶公交专用车道，即车道中没有不受控制的自动驾驶车辆，那么智能网联道路系统控制中心可以完全控制所有的自动驾驶车辆，适当调配，以达到全局优化。

在包括公交专用车道的特定场景下，交通基础设施系统对自动驾驶车辆进行接管与控制，完成车辆的感知、预测、决策、控制等功能，实现自动化驾驶。但遇到特殊情况，需要驾驶员接管自动驾驶车辆进行控制。

4）可实现的典型应用场景：除了在 I2 预期目标中提供的典型应用场景，可实现：①为车辆纵横向驾驶提供决策与控制类场景；②远程车辆诊断；③公交专线优化与管理控制类场景，包括公交专用车道管理与控制，例如通过使用附近的或平行车道可平衡交通需求，也可使用控制策略；区域公交系统优化调度与控制等。

2. 至 2035 年预期目标

1）道路等级：I3+。交通基础设施为自动驾驶车辆（自动化等级 1.5 及以上）提供了详细的驾驶指令，可以在特定场景/区域（如预先设定的时空域）实现有条件的自动化驾驶。

2）最优服务车辆等级：V1.5~V3。V1.5 等级车辆是指人工驾驶为主，但车辆中装有自适应巡航功能，雷达实时控制车距和车辆加减速，可以实现少数特定场景的自动驾驶。V3 等级车辆是指车辆已经具备了有条件的自动化驾驶功能。驾驶员可以选择将车辆置于自动驾驶模式下。然而，驾驶员仍然需要在特定情况下接管控制。最优服务车辆等级是 V1.5~V3，车辆等级从辅助驾驶到实现一定条件下的自动驾驶，车辆可实现车道保持、自适应巡航控制和自动加减速，在高速公路上自动驾驶等功能。

3）可实现的功能：基于交通基础设施的有条件自动驾驶和高度网联化。除了在为 2025 年 I3 预期目标中提供的功能，是 I3 的增强版。交通控制中心对专用车道中的所有车辆都可以较好地调配所覆盖路网中的可以调配的车辆，以达到较好的全局优化。

4）可实现的典型应用场景：除了在 2025 年 I3 预期目标中提供的典型应用场景，是 I3 的增强版。在包括专用车道的所有道路场景中，交通基础设施系统对自动驾驶车辆进行接管与控制，完成车辆的感知、预测、决策、控制等功能，实现限定场景的自动化驾驶。

3. 至 2045 年预期目标

1）道路等级：I4。交通基础设施为自动驾驶车辆（自动化等级 1.5 及以上）提供了详细的驾驶指令，可以在特定场景/区域（如预先设定的时空域）实现高度自动化驾驶。遇到特殊情况，由交通基础设施系统进行控制，不需要驾驶员接管。

2）最优服务车辆等级：V1.5~V4。V1.5 等级车辆是指人工驾驶为主，主要还是由驾驶者操纵车辆，但可以实现少数特定场景的自动驾驶。V4 等级车辆是指车辆自动作出自主决策，并且驾驶者无须任何操作，完成驾驶场景任务。最优服务的车辆等级是 V1.5~V4，车辆拥有部分自动驾驶能力或高度自动驾驶能力，驾驶员可以选择将车辆置于自动驾驶模式下，并将操控责任转交给车辆，在必要时候接管。

3）可实现的功能：基于交通基础设施的高度自动驾驶。除了在 2035 年预期目标中提供的功能，在混合交通场景下，公共交通控制中心可以进一步优化调配所覆盖路网中的车辆,以达到全局更优。在特定区域（如预先设定的时空域）的混合交通场景下,交通基础设施系统对自动驾驶公交车辆进行接管与控制,完成车辆的感知、预测、决策、控制等功能,实现高度自动化驾驶。遇到特殊情况,由交通基础设施系统进行控制,不需要驾驶员接管。

4）可实现的典型应用场景：除了在2035年预期目标中提供的应用场景,可实现：①在混合交通场景下,公交系统优化调度与控制；②紧急情况,系统主动安全接管；③混合车道交通管理与控制,例如通过使用附近的或平行车道可平衡交通需求,也可使用控制策略,如当前方发生事故时可选择换向行驶等。

（十）普通公路

主要包括国家干线公路和省干线公路,以下为其在技术示范期的分阶段预期目标。

1. 至2025年预期目标

1）道路等级：I2。交通基础设施具备复杂传感和深度预测功能,通过与车辆系统进行信息交互（包括I2X）,可以支持较高空间和时间解析度的自动化驾驶辅助和交通管理。

2）最优服务车辆等级：V1.5~V2。V1.5等级车辆是指人工驾驶为主,但车辆中装有自适应巡航功能,雷达实时控制车距和车辆加减速,可以实现少数特定场景的自动驾驶。V2等级车辆是指车辆已经具备了部分自动驾驶能力。驾驶员可以将一些任务委托给车辆,如加速、转向和制动。然而,驾驶员仍然需要保持对车辆的监控,并随时准备接管控制权。最优服务的车辆等级是V1.5~V2,车辆可实现部分自动驾驶功能,如车道保持辅助和自适应巡航控制等,协助驾驶员进行特定的任务。

3）可实现的功能：部分网联化、部分智能化、部分自动化。智能网联道路系统可实现主要的交通基础设施等静态数据与公路环境等动态数据在时空上的连续监测和实时更新,自动处理非结构化数据。

数据之间能够高度融合,信息采集、处理和传输的时延低。部分数据可以在车辆与车辆之间、车辆与交通基础设施之间信息共享。道路系统能够根据感知信息进行长期预测和深度分析,具备一定的决策和控制功能,可为车辆纵横向控制提供一定的参考,优化车辆驾驶决策。

道路和车辆之间能够进行一定的实时信息交互,即道路系统依托I2X通信为车辆提供横向和纵向控制的建议或指令。同时,车辆向道路反馈其最新决策信息,适时调配，以达到局部优化。

在高速公路限定场景下，智能网联道路系统可以对自动驾驶车辆进行接管与控制，实现自动化驾驶，但遇到特殊情况，需要驾驶员接管自动驾驶车辆进行控制。

4）可实现的典型应用场景，包括以下几类：①为车辆提供道路环境与实时交通信息类场景，包括：公路环境信息提供，例如交通服务设施信息、车道汇合提醒、弯道限速提醒、前方车道变窄等信息；实时交通信息提供，例如前方交通拥堵提醒、天气状况、路面湿滑程度、停车限制、转向限制；突发事件及交通管制信息，例如前方交通事故提醒、前方交通管制提醒、特殊车辆避让（警车、救护车、消防车）；②为车辆纵横向辅助驾驶提供决策与控制类场景，包括：车速引导/控制，例如单车或列队车辆跟驰辅助/控制；车道保持辅助/控制，例如航道偏离警示、航道偏离辅助；变道与超车辅助/控制；③道路主动安全预警与紧急控制类场景，包括：紧急情况预警提醒，例如前方碰撞预警、盲点警告、路口碰撞预警、紧急制动预警（电子紧急制动灯）；紧急情况应对预案；④公路交通优化与管理控制类场景，包括：实时路径规划与导航信息提供，例如行驶路径、线路绕行；违反信号或停车标志警告；路段层实时交通流优化，车流引导与控制。

2. 至 2035 年预期目标

1）道路等级：I3。高度网联化的交通基础设施可以在数毫秒内为单个自动驾驶车辆（自动化等级 1.5 及以上）提供周围车辆的动态信息和控制指令，可以在包括专用车道的主要道路上实现有条件的自动化驾驶。遇到特殊情况，需要驾驶员接管车辆进行控制。

2）最优服务车辆等级：V1.5~V2+。V1.5 等级车辆是指人工驾驶为主，但车辆中装有自适应巡航功能，可以实现少数特定场景的自动驾驶。V2+ 等级车辆是指车辆配备了更先进的驾驶辅助系统，可以在更广泛的道路情况下接管车辆的控制，但仍然需要驾驶员的持续监督和介入。最优服务的车辆等级是 V1.5~V2+，车辆具有部分自动驾驶能力，可执行一些特定任务辅助驾驶员，如加速、转向和制动等，达到更优的驾驶性能。

3）可实现的功能：基于交通基础设施的有条件自动驾驶和高度网联化。智能网联道路系统具备一定的信息化和智能化，同时以此为基础，在交通基础设施覆盖的道路上可以支持单个自动驾驶车辆的自动化驾驶。

交通基础设施可以为单个自动驾驶车辆提供周围车辆和环境的实时动态信息，并基于通信技术（I2X等）将横纵方向控制指令发给单车以实现单车自动驾驶。其中要求自动驾驶车辆的自动化等级达到1.5或以上，即交通基础设施系统可实现对自动驾驶车辆进行横向和纵向的控制。

如果是严格的物理隔离的自动驾驶专用车道，即车道中没有不受控制的自动驾驶车辆，那么智能网联道路系统控制中心可以完全控制所有的自动驾驶车辆，适当调配，以达到全局优化。

在包括公路专用车道的特定场景下，交通基础设施系统对自动驾驶车辆进行接管与控制，完成车辆的感知、预测、决策、控制等功能，实现自动化驾驶。但遇到特殊情况，需要驾驶员接管自动驾驶车辆进行控制。

4）可实现的典型应用场景：除了在2025年I2预期目标中提供的典型应用场景，可实现：①为车辆纵横向驾驶提供决策与控制类场景；②远程车辆诊断；③道路交通优化与管理控制类场景，包括：专用车道管理与控制（例如通过使用附近的或平行车道可平衡交通需求，也可使用控制策略，如当前方发生事故时可选择换向行驶），匝道控制（例如根据主路和匝道的实时交通信息来优化匝道控制），走廊层的实时交通流优化、车流引导与控制等。

3. 至2045年预期目标

1）道路等级：I3+。交通基础设施为自动驾驶车辆（自动化等级1.5及以上）提供了详细的驾驶指令，可以在特定场景/区域（如预先设定的时空域）实现有条件的自动化驾驶。

2）最优服务车辆等级最低为V1.5，期望车规级V3。V1.5等级表示车辆是指人工驾驶为主，但车辆中装有自适应巡航功能，可以实现少数特定场景的自动驾驶。车辆性能应在V1.5等级及以上。期望车辆等级为V3，V3等级车辆表示车辆已经具备了有条件的自动化驾驶功能，驾驶员可以选择将车辆置于自动驾驶模式下。然而，驾驶员仍然需要在特定情况下接管控制。该范围内的车辆等级从辅助驾驶到实现一定条件下的自动驾驶，车辆可实现车道保持、自适应巡航控制和自动加减速，在高速公路上自动驾驶等功能。

3）可实现的功能：基于交通基础设施的有条件自动驾驶和高度网联化。除了在2035年I3预期目标中提供的功能，是I3的增强版。交通控制中心对专用车道中的所有车辆都可以较好地调配所覆盖路网中的可以调配的车辆，以达到较好的全局优化。

4）可实现的典型应用场景：除了在2035年I3预期目标中提供的典型应用场景，

是 I3 的增强版。在包括专用车道的所有道路场景中,交通基础设施系统对自动驾驶车辆进行接管与控制,完成车辆的感知、预测、决策、控制等功能,实现限定场景的自动化驾驶。

第四节 实现路径

为实现不同智能网联道路类型在各阶段的预期目标,本节将在国内外现状对比分析的基础上,从智能网联道路系统的标准规范、智能网联道路系统的关键技术攻关、智能网联道路系统的道路设施技术、智能网联道路系统的场景测试四个方面分别进行叙述,提出智能网联道路系统发展的具体实现路径。

一、标准规范技术路线图

为了推动车路协同自动驾驶的发展,需要出台相应的智能网联道路相关的标准规范,具体如下。

1)不同道路类型的智能网联道路设计标准。

2)不同道路类型的智能路侧系统技术标准,包括:①路侧协同感知系统技术标准(协同感知系统技术标准、信息融合系统技术标准);②路侧协同决策系统技术标准(预测系统技术标准、管理与决策系统技术标准);③路侧协同控制系统技术标准(规划系统技术标准、协同控制系统技术标准)。

3)不同道路类型的系统实施标准规范。自动驾驶不同道路类型的系统实施标准规范涵盖了安全性、集成、测试和验证等多个方面,以确保自动驾驶系统在各种道路环境下的有效实施和应用。包括 ISO 21448 标准、道路自动驾驶系统集成标准、自动驾驶系统测试用例和场景框架、连接自动驾驶标准集合。

4)不同道路类型的系统试验试点标准规范,包括测试、检测检验标准规范(道路试验场地选择标准、车辆性能测试标准、交通仿真测试标准),系统建设标准规范(道路自动驾驶系统集成标准、车辆-基础设施通信标准),运行维护标准规范(自动驾驶系统安全运行标准、数据采集与分析标准)。

5)不同道路类型的系统应用标准规范。为实现各阶段不同智能网联道路类型的预期目标,需要遵循"分步实施,场景推动"的原则,在不同时间阶段制定与完善相关的标准规范,具体如图 3-2 所示。

2025年	2035年	2045年
（1）深化完善大部分智能网联道路类型（Ⅰ、Ⅱ、Ⅲ、Ⅳ、Ⅴ、Ⅵ）的运行维护标准规范。 （2）深化完善全场景道路类型的系统测试、检测检验标准规范。 （3）深化完善系统应用标准规范中的大部分智能网联道路类型（Ⅰ、Ⅱ、Ⅲ、Ⅳ、Ⅴ、Ⅵ）的应用标准规范，完成系统应用标准规范中所有道路应用标准规范，包括：出行服务标准规范、自动驾驶公交标准、自动驾驶货运物流标准规范、"两客一危"应用标准规范、自动泊车标准规范、自动驾驶港门标准规范、智慧公路应用标准规范、智慧城市道路应用标准规范。 （4）初步完成部分智能网联道路类型（Ⅰ、Ⅱ、Ⅲ、Ⅳ）的运行维护标准规范	（1）深化完善系统应用标准规范中的所有道路类型应用标准规范，包括：出行服务标准规范、自动驾驶公交标准、自动驾驶货运物流标准规范、"两客一危"应用标准规范、自动泊车标准规范、自动驾驶港口标准规范、智慧公路应用标准规范、智慧城市道路应用标准规范等。 （2）为支撑高度车路协同自动化驾驶，逐步完善车路协同自动驾驶系统运行及应用中智能网联道路的相关标准规范	（1）为支撑高度/完全车路协同自动化驾驶，逐步完善车路协同自动驾驶系统运行及应用中智能网联道路的相关标准规范。 （2）继续全面深化完善系统应用标准规范中的所有道路类型应用标准规范

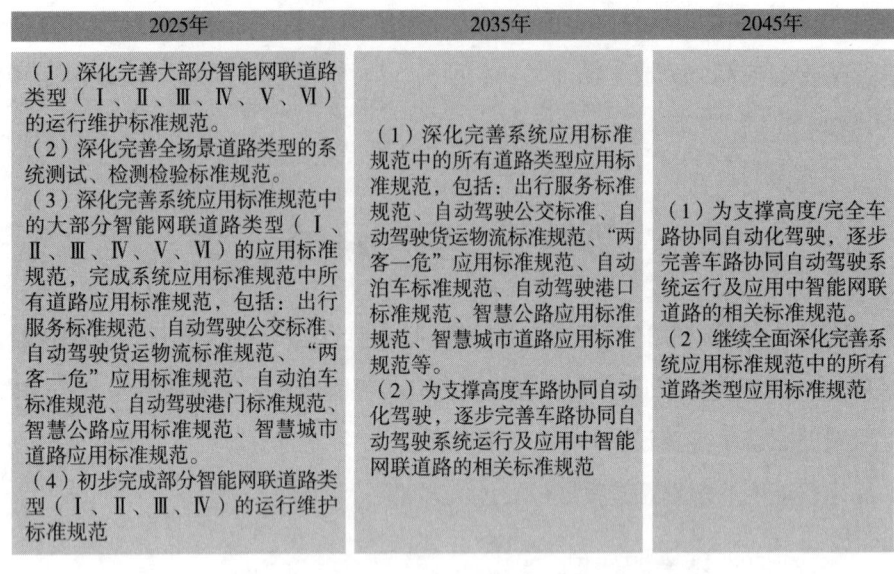

图 3-2　智能网联道路的标准规范技术路线图

二、关键技术攻关路线图

为实现车路协同自动驾驶，需要攻克智能网联道路相关的关键技术。

（一）智能网联道路系统的协同优化技术

1）协同感知技术。发展I2V、I2I动态实时信息交互的车路协同道路全息感知系统，增强交通基础设施与车路之间的交互与耦合。发展视觉识别和激光雷达为核心的感知技术。建立车辆与路侧多源感知信息的优化组合与自组织方法，提高对车辆、行人等障碍物感知精度和可靠性。

2）协同预测技术。基于多源信息融合技术的车路协同预测技术，提高预测的精度和可靠性，满足高速行驶环境下要求。

3）协同决策技术。通过融合路网的车辆运动、环境和道路交通基础设施的预测信息，发展车路协同决策技术，生成全局系统最优的自动驾驶方案。

4）协同控制技术。融合网联化智能技术的自动驾驶技术，车辆由在道路基础设施上安装的路侧控制系统和车载控制系统协同控制。多辆智能车间的协同换道、协同避险等协同控制技术，基于融合感知信息，通过路侧系统进行多车共享融合感知信息，车辆以更小跟车距离进行编队行驶，进而有效提高道路通行能力，提高自动驾驶整体效益。

(二)智能网联道路系统的仿真测试平台相关技术

1)静态场景构建技术。基于实际环境信息及已有的高精度地图构建静态场景。通过静态场景自动生成技术,基于不同的仿真测试和训练目的衍生虚拟场景。

2)动态场景构建技术。基于静态场景与大量实际交通数据,构建智能体行为模型和模拟复杂的交通环境,构建差异化动态场景。

3)实时仿真技术。利用计算机模拟和模型仿真技术,实时地模拟车辆、环境和交通情况,以验证自动驾驶系统的性能、安全性和可靠性。

4)相关关键技术,如:①传感器仿真技术。基于真实传感器数据,构建摄像头、雷达和激光雷达等传感器仿真模型,以仿真对这个虚拟静态和动态场景的感知;②通信技术,I2X 等;③并行计算技术。为服务丰富的静态和动态场景,传感器仿真模型和车辆动力学仿真模型,发展并行计算技术,以提高对大型复杂场景的仿真速度等。

(三)统筹布局智能网联道路系统相关技术

1)基于云技术的智能网联交通分布式云平台。实现对于各种环境和情景下车辆各个方面的微观行为分析,快速计算,给予最佳决策。统筹和协调各个子系统与外部交通方面的云端系统,达成复杂环境下多层次、多群体的车路协同自动驾驶与实时反馈。

2)智能网联道路系统的软硬件集成技术。发展各层级智能路侧单元与控制中心的传感器专用芯片与智能算法集成技术,以支撑智能路侧单元信息采集与数据处理功能、各分层控制中心单元信息处理与决策功能和区域宏观层控制中心全局优化决策功能。

3)融合北斗卫星和路侧设施的高精度高可靠定位技术。实现多种高精度定位方案融合,实现全球覆盖及任意场景的厘米级定位。

(四)与智能网联汽车、智能通信系统等信息交互技术

1)专用的通信与网络技术。借助专用的通信与网络技术 I2X,全方位实现 I2V、I2I 等动态信息的实时交互,支撑车路协同自动驾驶系统中各要素间网联化,以实现全时空动态交通信息采集与融合、人–路–车–云等要素有机联系、车辆主动安全控制和道路协同管理、安全高效车路协同自动驾驶系统。

2)大数据云控交互技术。借助大数据云控交互技术,系统云平台达成全国范围内与各个领域的云端系统的信息的融合与交互。统筹和协调全国范围各个领域内的云端系统信息,实现完整且协调的车路协同自动驾驶系统。

为实现各阶段不同智能网联道路类型的预期目标，需要遵循"分步实施，场景推动"的原则，在不同阶段攻克不同关键技术，具体如图3-3所示。

2025年	2035年	2045年
（1）完成协同感知技术。包括：深化I2V、I2I动态实时信息交互的车路协同道路全息感知系统。完成视觉识别和激光雷达为核心的感知技术。完成基于多源感知信息的优化组合与自组织方法的研发和智能网联道路系统的软硬件集成技术的研发。 （2）完成协同预测技术和智能网联道路系统的仿真测试平台相关技术研发。 （3）启动协同决策技术、协同控制技术、统筹布局智能网联道路系统相关技术和与智能网联汽车、通信等信息交互技术的研发。 （4）启动协同预测技术和车路协同自动驾驶的仿真测试平台相关技术的研发	（1）深化协同感知技术。 （2）深化协同预测技术和智能网联道路系统的仿真测试平台相关技术研发。 （3）初步完成协同决策技术、协同控制技术、统筹布局智能网联道路系统相关技术和与智能网联汽车、通信等信息交互技术的研发	（1）完善智能网联道路系统的协同优化技术。 （2）完善智能网联道路系统的仿真测试平台相关技术。 （3）完善统筹布局智能网联道路系统相关技术。 （4）完善与智能网联汽车、通信等信息交互技术。 （5）完成协同决策技术、协同控制技术、统筹布局智能网联道路系统相关技术的研发

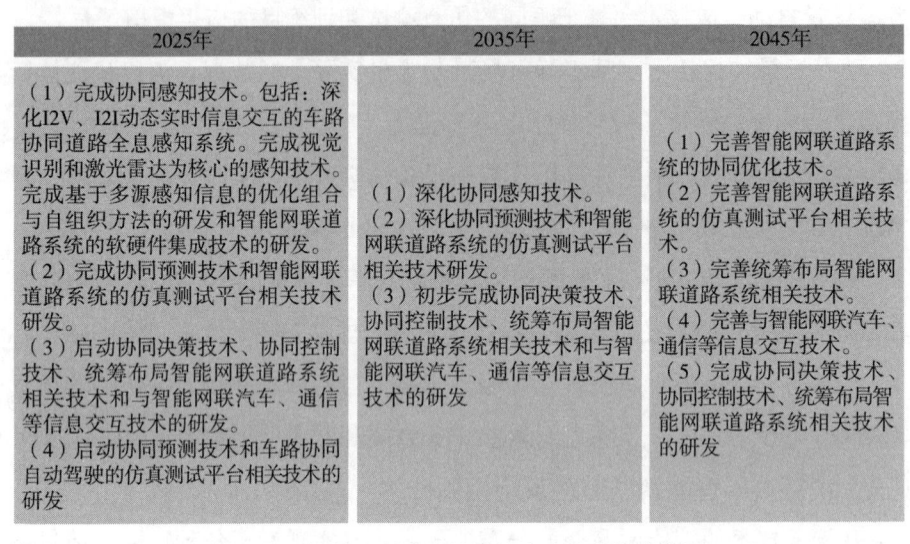

图3-3 智能网联道路关键技术攻关实施路线图

三、道路设施技术路线图

特定场景下推动智能网联道路基础设施升级改造，逐步构建全场景网联化、智能化道路。主要包括：智能网联道路交通基础设施设计、智能路侧设施建设、智能网联交通管理与控制平台基础设施建设/升级、智能网联道路事故预警与应急救援系统等。

为了实现近期智能网联道路I3等级的基础设施升级改造及智能网联道路管理系统建设，将根据不同道路类型的智能网联道路I3等级的设计标准和系统建设标准规范，进行建设与升级改造。具体主要包括：

1）智能网联道路交通基础设施设计。包括：①高速公路的公路结构构造物设计（路基、路面、桥涵、隧道）；②高速公路交通工程及沿线附属设施设计（道路标志、标线、标牌，提供车道汇合提醒、弯道限速提醒、前方车道变窄、高速出口等信息）；③通信系统：基于I2X通信技术。

2）智能路侧设施建设。包括：①智能路侧单元；②高精度交通信息检测传感器（车辆运动检测、前方交通拥堵、车辆运动、天气状况、路面湿滑程度、停车限制、转向限制拥堵等信息）；③高速公路电子收费；④高速公路的电子信息屏（突发事件及交通管制信息，例如前方交通事故提醒、前方交通管制提醒、特殊车辆避让等。

3）智能网联道路管理与控制平台建设。包括：①智能网联道路系统控制中心；②智能网联道路控制单元；③节点控制子系统，如智能网联交叉口控制、智能网联匝道控制；④自动驾驶专用车道控制子系统等。

4）智能网联道路事故预警与应急救援系统。包括：①紧急情况预警模块：提供前方碰撞预警、盲点警告、路口碰撞预警、紧急制动预警（电子紧急制动灯）、交叉口辅助驾驶；②紧急情况应对预案模块；③远程车辆诊断模块；④系统主动安全接管模块等。

此外，智能网联道路系统 I2 等级的基础设施升级改造及智能网联道路管理系统建设是 I3 的基础版。

同时，为了实现不同智能网联道路类型的各阶段预期目标，需要在不同时间阶段推动智能网联道路基础设施升级改造，具体如图 3-4 所示。

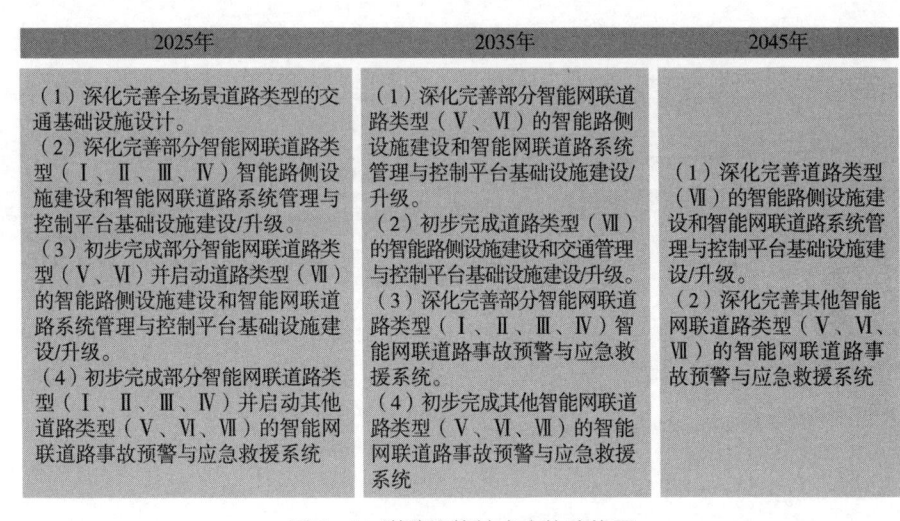

2025年	2035年	2045年
（1）深化完善全场景道路类型的交通基础设施设计。 （2）深化完善部分智能网联道路类型（Ⅰ、Ⅱ、Ⅲ、Ⅳ）智能路侧设施建设和智能网联道路系统管理与控制平台基础设施建设/升级。 （3）初步完成部分智能网联道路类型（Ⅴ、Ⅵ）的智能路侧设施建设和智能网联道路系统管理与控制平台基础设施建设/升级。 （4）初步完成部分智能网联道路类型（Ⅰ、Ⅱ、Ⅲ、Ⅳ）并启动其他道路类型（Ⅴ、Ⅵ、Ⅶ）的智能网联道路事故预警与应急救援系统	（1）深化完善部分智能网联道路类型（Ⅴ、Ⅵ）的智能路侧设施建设和智能网联道路系统管理与控制平台基础设施建设/升级。 （2）初步完成道路类型（Ⅶ）的智能路侧设施建设和交通管理与控制平台基础设施建设/升级。 （3）深化完善部分智能网联道路类型（Ⅰ、Ⅱ、Ⅲ、Ⅳ）智能网联道路事故预警与应急救援系统。 （4）初步完成其他智能网联道路类型（Ⅴ、Ⅵ、Ⅶ）的智能网联道路事故预警与应急救援系统	（1）深化完善道路类型（Ⅶ）的智能路侧设施建设和智能网联道路系统管理与控制平台基础设施建设/升级。 （2）深化完善其他智能网联道路类型（Ⅴ、Ⅵ、Ⅶ）的智能网联道路事故预警与应急救援系统

图 3-4　道路设施技术实施路线图

四、场景测试技术路线图

面对不同类型道路车路协同自动驾驶的发展，必须有计划、有步骤地推进，且针对每一类型道路都需经历"场景测试、示范应用、逐步推广"三个阶段，促进实现车路协同自动驾驶的可持续发展。

车路协同自动驾驶系统在不同智能网联道路类型的场景测试，包括高速路、园区自动驾驶、自动泊车等封闭场景测试；城市快速路、城市主干路等多样化场景测试等道路类型。

1）在不同道路特征下的场景测试，包括：①城市道路不同交叉口类型；②不同车道类型：公交专用车道、超车道、机非混合车道；③不同车道数量，单车道、多车道；④不同限速区域；⑤不同的线形组合、不同的中央分隔形式、不同的渠化形式。

2）在不同交通管制方式的场景测试，包括：①信号灯（不同红绿灯样式）控制；②停车让行控制（停车牌、避让牌等）。

3）服务不同车辆类型下的场景测试，包括乘用车、商用车、货车等。

4）在不同环境下的道路智能化场景测试，涉及天气、地形、信号、噪声等。

5）道路支撑不同驾驶行为下的场景测试，包括：①驾驶方向（直行、掉头、左右转、离开汇入车道）；②驾驶速度。

不同时段智能网联道路类型的场景测试实施路线图如图3-5所示。

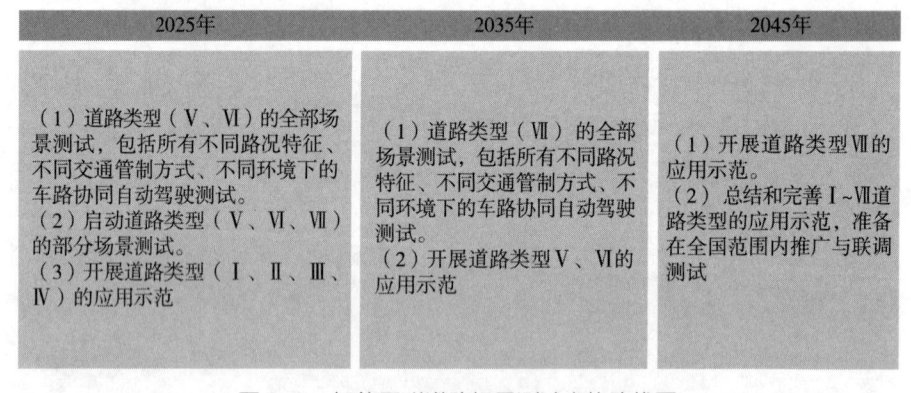

2025年	2035年	2045年
（1）道路类型（Ⅴ、Ⅵ）的全部场景测试，包括所有不同路况特征、不同交通管制方式、不同环境下的车路协同自动驾驶测试。 （2）启动道路类型（Ⅴ、Ⅵ、Ⅶ）的部分场景测试。 （3）开展道路类型（Ⅰ、Ⅱ、Ⅲ、Ⅳ）的应用示范	（1）道路类型（Ⅶ）的全部场景测试，包括所有不同路况特征、不同交通管制方式、不同环境下的车路协同自动驾驶测试。 （2）开展道路类型Ⅴ、Ⅵ的应用示范	（1）开展道路类型Ⅶ的应用示范。 （2）总结和完善Ⅰ~Ⅶ道路类型的应用示范，准备在全国范围内推广与联调测试

图3-5 智能网联道路场景测试实施路线图

第四章 智能网联汽车子系统

第一节 发展现状和趋势分析

智能网联汽车是指搭载先进的车载传感器、控制器、执行器等装置,并融合现代通信与网络、人工智能等技术,实现车与X(车、路、人、云等)的智能信息交换、共享,具备复杂环境感知、智能决策、协同控制等功能,可实现安全、高效、舒适、节能行驶,并最终替代人来操作的新一代汽车。

一、智能网联汽车的分级

智能网联汽车包括智能化/自动化和网联化两个技术层面,其分级可对应按照相应两个层面划分。

在汽车智能化/自动化层面,美国汽车工程师协会、德国汽车工业协会、中国汽车标准化技术委员会等组织都已经给出了各自的分级方案。结合道路交通的复杂性,中国的分级方案立足本国实际,基于SAE标准分别对相应级别下的自动化系统能够适应的设计运行范围和典型工况场景特征进行了具体界定。根据SAE标准,车辆的自动化从低到高可以分为无自动化、驾驶资源辅助、部分自动化、有条件自动化、高度自动化和完全自动化6个阶段,具体定义如表4-1所示。

表4-1 自动驾驶汽车分级定义

SAE 等级	SAE 名称	SAE 定义	执行转向、加速/减速	驾驶环境监控	动态驾驶任务候补
0	无自动化	动态驾驶任务中,驾驶员完全掌控车辆的全部时刻,包含预警或干预系统	驾驶员	驾驶员	驾驶员

续表

SAE 等级	SAE 名称	SAE 定义	执行转向、加速/减速	驾驶环境监控	动态驾驶任务候补
1	驾驶资源辅助	某种能进行转向或者加速、减速操作的驾驶辅助系统利用驾驶环境信息执行特定的驾驶操作，并且期望驾驶员完成所有剩下的动态驾驶任务	驾驶员和系统	驾驶员	驾驶员
2	部分自动化	由一个或多个能进行转向、加速和减速操作的驾驶辅助系统利用驾驶环境信息执行特定的驾驶操作，并且期望驾驶员完成所有剩下的动态驾驶任务	系统	驾驶员	驾驶员
3	有条件自动化	由一种能完成所有动态驾驶任务的自动驾驶系统执行特定的驾驶操作，同时期望驾驶员在需要介入时能够有适当的反应	系统	系统	驾驶员
4	高度自动化	由一种能完成所有动态驾驶任务的自动驾驶系统执行特定的驾驶操作，即使需要驾驶员介入的时候驾驶员也无须任何反应	系统	系统	系统
5	完全自动化	能够在所有道路和环境条件下完成所有的动态驾驶任务，并且能被驾驶员管控	系统	系统	系统

1）驾驶资源辅助：在适用设计范围内，自动驾驶系统可持续执行横向或纵向车辆运动控制某一子任务（不可同时执行），由驾驶员执行其他的动态任务。

2）部分自动化：在适用的设计范围内，自动驾驶系统可持续执行横向或纵向的车辆运动控制任务，驾驶员负责执行目标和意外检测与响应任务并监督自动驾驶系统。

3）有条件自动化：在适用的设计范围内，自动驾驶系统可以持续执行完整的动态驾驶任务，用户需要在系统失效时接受系统的干预请求，及时作出响应。

4）高度自动化：在适用的设计范围内，自动驾驶系统可以执行完整的动态驾驶任务和动态驾驶任务支援，用户无须对系统请求作出回应。

5）完全自动化：自动驾驶系统能在所有道路环境执行完整的动态驾驶任务和动态驾驶任务支援，驾驶员无须介入。

在网联化层面，按照网联通信内容的不同将其划分为网联辅助信息交互、网联协同感知、网联协同决策与控制3个等级，具体定义如表4-2所示。

表 4-2 网联化等级定义

网联化等级	等级名称	等级定义	控制	典型信息	传输需求
1	网联辅助信息交互	基于车-路、车-后台通信,实现导航等辅助信息的获取以及车辆行驶与驾驶员操作等数据的上传	人	地图、交通流量、交通标志、油耗、里程等信息	实时性、可靠性要求较低
2	网联协同感知	基于车-车、车-路、车-人、车-后台通信,实时获取车辆周边交通环境信息,与车载传感器的感知信息相融合,作为自主决策与控制系统的输入	人与系统	周边车辆/行人/非机动车位置、信号灯相位、道路预警等信息	实时性、可靠性要求较高
3	网联协同决策与控制	基于车-车、车-路、车-人、车-后台通信,实时并可靠获取车辆周边交通环境信息及车辆决策信息,车-车、车-路等各交通参与者之间信息进行交互融合,形成车-车、车-路等各交通参与者之间的协同决策与控制	人与系统	车-车、车-路间的协同控制信息	实时性、可靠性要求最高

二、智能网联汽车技术架构

智能网联汽车涉及汽车、信息通信、交通等多领域技术,其技术架构较为复杂,可划分为"三横两纵"式技术架构。"三横"是指智能网联汽车主要涉及的车辆关键技术、信息交互关键技术和基础支撑关键技术,"两纵"是指支撑智能网联汽车发展的车载平台和基础设施,如图 4-1 所示。

其中,基础设施除车载平台本身以外,还包括能够支撑智能网联汽车发展的全部外部环境条件,比如:行驶道路、交通设施、通信网络等。这些基础设施将逐渐向信息化、智能化、协同化和集成化方向发展。

三、发展现状与趋势分析

(一)战略规划层面

鉴于智能网联汽车对提升行车安全、改善交通环境、促进经济发展与社会进步等方面的巨大作用,世界各国和主要整车制造企业均将其作为汽车产业发展的战略方向,并通过发布系列战略规划营造良好发展环境,引导产业发展。

1. 美国

2014 年,美国交通部在《智能交通系统战略计划(2010—2014)》基础上,更新发布了《智能交通系统战略计划(2015—2019)》,针对交通系统在安全性、机动性、

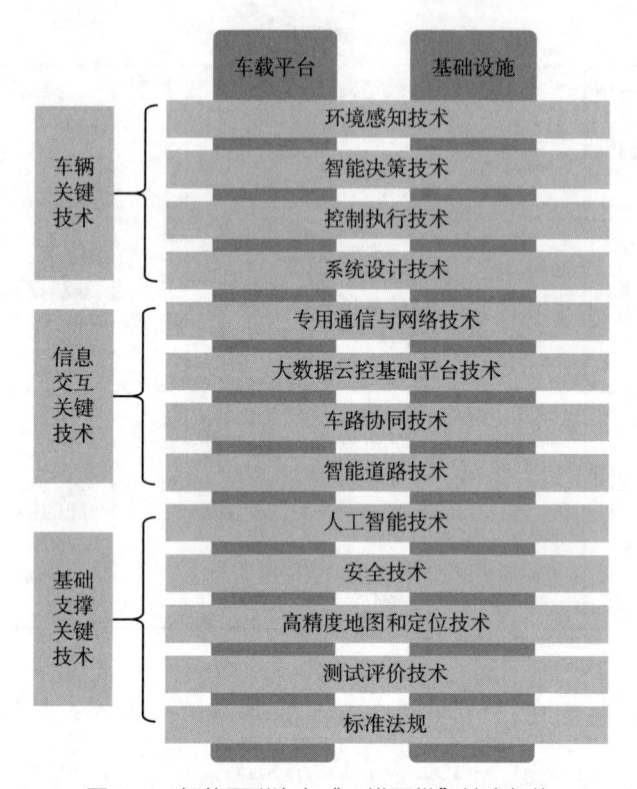

```
                    车载平台      基础设施

            ┌──  环境感知技术
    车辆    │    智能决策技术
    关键    ┤
    技术    │    控制执行技术
            └──  系统设计技术

            ┌──  专用通信与网络技术
    信息    │    大数据云控基础平台技术
    交互    ┤
    关键    │    车路协同技术
    技术    └──  智能道路技术

            ┌──  人工智能技术
    基础    │    安全技术
    支撑    ┤
    关键    │    高精度地图和定位技术
    技术    │    测试评价技术
            └──  标准法规
```

图 4-1　智能网联汽车"三横两纵"技术架构

环境友好性等方面存在的问题，提出发展目标和方向，美国智能交通系统战略也从早期的车辆网联化，逐步探索智能化与网联化相融合的发展战略。2020年3月，美国发布了《智能交通系统战略规划（2020—2025）》，对未来五年美国智能交通领域的重点任务和关键举措进行了规划。其中，重点提出了6项重点计划，从新兴技术评估研发到具体技术应用部署，从数据权限共享到网络安全保障，从自动驾驶持续推广到完整出行的全人群全链条出行服务，力求实现智能交通系统技术的全生命周期发展。针对自动驾驶领域的计划要点为：以安全第一、技术中立为原则，完善相关法律法规，提倡市场自由发展自动驾驶技术，推动自动驾驶车辆测试、部署和集成，全面促进自动驾驶技术安全、可操作且有效地集成到交通系统中。

2016年，美国交通部发布《联邦自动驾驶汽车政策指南》（自动驾驶系统1.0），为生产、设计、供应、测试、销售、运营或应用智能网联汽车提供具备指导意义的前期规章制度框架。2017—2020年，美国交通部相继发布了《自动驾驶系统2.0：安全展望》《自动驾驶汽车3.0：准备迎接未来交通》《自动驾驶汽车4.0：确保美国自动驾驶汽车技术的领先地位》，逐步放宽对智能网联汽车创新和发展的限制，持续不断优化政策产业环境、推动市场规范,加强不同部门之间的协作统一,以保持美国在该领域的技术和商业化领先优势。

2. 欧洲

与美国类似,欧洲智能网联汽车发展起源于智能交通系统,并逐步通过车辆的智能化、网联化实现车与交通系统的协同发展。欧洲智能交通系统开发与应用是与欧盟的交通运输一体化建设进程紧密联系的,在 Horizon2020 等计划的资金支持下,通过 AdaptIVe、C-ITS、PEGASUS、SCOOP、INFRAMIX 等项目的实践,在智能网联汽车、智能交通系统、基础设施建设方面积累丰富经验。

2015 年,欧洲道路交通研究咨询委员会(European Road Transport Research Advisory Council,ERTRAC)发布智能网联汽车技术路线图,以加强顶层规划,促进各国协同推进。随着技术产业的不断发展,ERTRAC 多次更新技术路线图,2019 年 3 月,ERTRAC 更新发布了《网联式自动驾驶路线图》(Connected Automated Driving Roadmap),强调自动驾驶的协同互联,丰富了网联式自动驾驶的内容,同时明确提出基于数字化基础设施支撑的网联式协同自动驾驶架构。同时,欧盟战略交通研究与创新议程,围绕智能交通、出行服务等领域也发布了相关路线图。

除此之外,欧盟委员会于 2018 年发布《通往自动化出行之路:欧盟未来出行战略》,明确提出到 2020 年在高速公路上实现无人驾驶,在城市中心区域实现低速无人驾驶;到 2030 年普及高度自动驾驶。

3. 日本

日本通过智能交通系统发展协同推动智能网联汽车产业进步,并将智能交通系统、智能网联汽车纳入国家重点发展战略,由警察厅、总务省、经济产业省、国土交通省共同负责推进工作,以 2020 年东京奥运会为时间节点开展自动驾驶技术示范验证。

2016 年,日本第五期(2016—2020 年)科学技术基本计划中提出"5.0 社会"(Society 5.0),将人工智能、大数据、物联网等革新技术与现实社会相连,作为实现 5.0 社会的技术平台。2016—2020 年,投资战略重点围绕 5.0 社会的内容及目标展开,提出要改变日本的生活生产,构筑下一代机动性系统,将自动驾驶在生产生活中的应用服务列为该战略实施的重要考核指标。

2014 年,日本内阁府制定《战略性创新创造项目自动驾驶系统研究开发计划》(SIP_adus),针对 4 个发展方向设立了 32 个研究课题,旨在推进政府和民间协作所必需的基础技术以及协同式系统相关领域的开发与商业化，并牵头成立了自动驾驶基础地图平台公司。2019 年，SIP_adus 进入 2.0 阶段，已经取得多项领先成果。

此外，为推动战略部署，完成规划目标，日本积极制定并发布自动驾驶路线图、整备大纲、安全技术指南等内容，不断加大落实力度。2016 年，日本政府制定《官民智能交通系统构想·路线图》，制定发展目标、自动驾驶系统场景以及商用化时间表，并于 2017—2019 年持续年度动态修订，优化、调整发展过程中所面临的时间表和投入方向。

4. 中国

智能网联汽车多产业融合的特点，决定了必须通过多部门、多行业的协调才能推进产业的创新发展。中国已经成立跨部门协同机制，统筹产业发展，同时，工业和信息化部、国家发展和改革委员会、科学技术部、交通运输部、公安部、自然资源部等相关部门也都以不同的方式支持智能网联汽车发展。

2017 年，在国家制造强国建设领导小组下，由工业和信息化部、国家发展和改革委员会、科学技术部、财政部、公安部、交通运输部等 20 个部门和单位组成车联网产业发展专委会，负责组织制定车联网发展规划、政策和措施，协调解决车联网发展重大问题，督促检查相关工作落实情况，统筹推进产业发展，并已经在顶层规划、标准协同、测试检测认证、示范应用、信息安全、基础设施建设等方面指导大量工作。2019 年 9 月，在无锡举行的车联网产业发展专委会第三次全体会议期间，完成江苏（无锡）车联网先导区揭牌；上海临港、江苏泰兴、湖北襄阳等智能网联汽车自动驾驶封闭场地测试基地授牌；车联网（智能网联汽车）和自动驾驶地图应用试点启动；《长江三角洲区域智能网联汽车道路测试互认合作协议》签署等重要工作。

工业和信息化部从顶层设计到法律法规、技术标准以及测试示范方面都已经对智能网联汽车有实质性的支持。2018 年 12 月，工业和信息化部发布《车联网（智能网联汽车）产业发展行动计划》，指导智能网联汽车发展；2019 年 12 月发布的《新能源汽车产业发展规划（2021—2035 年）》（征求意见稿）也对智能网联汽车作出重要部署，加速电动化与智能化、网联化之间的协同。同时，工业和信息化部支持江苏（无锡）、天津（西青）等地国家级车联网先导区创建，开展城市级智能网联汽车测试与应用探索实践。国家发展和改革委员会在 2018 年发布《智能汽车创新发展战略》（征求意见稿），针对智能网联汽车产业发展目标，规划技术创新体系、产业生态体系、路网设施体系、法规标准体系、产品监管体系和信息安全体系。交通运输部作为汽车的运营管理单位也积极开展智能网联汽车政策规划工作，通过加强示范试点验证、推广辅助驾驶技术应用等方式促进智能网联汽车的示范运行和推动产业化。

（二）法律法规层面

在智能网联汽车技术发展的不同阶段，对车辆实施控制的主体由单纯的驾驶人控制逐步扩展到自动驾驶系统。其中，由于自动驾驶系统难以界定其责任属性划分问题，在很大程度制约了相关产业的发展，因此需要对现有的交通管理法律、法规基础上进行完善和更新，以保证智能网联汽车产业的稳步健康发展。

1. 美国

美国已形成相对完善的法律法规体系。2017 年，美国众议院通过《自动驾驶法案》，首次从管理、豁免、检测、评估、隐私等方面对自动驾驶汽车的设计、生产、测试等环节进行规范和管理。截至 2019 年年底，美国已有包括加利福尼亚州、内华达州等 30 多个州颁布了智能网联汽车相关的法律或者行政令。值得注意的是，作为美国智能网联汽车发展最为活跃的地区，加利福尼亚州于 2018 年 4 月出台新规定，允许智能网联汽车在没有方向盘、脚踏板、后视镜以及人类安全员的情况下在公共道路上开展测试，并允许自动驾驶出租车（Robo-taxi）开展载客服务。

2. 欧洲

欧洲各国正在积极完善智能网联汽车法律法规体系。2017 年，瑞典发布《自动驾驶道路测试规范》，同时启动了自动驾驶相关法律研究工作，确保 2020 年之前自动驾驶车辆能够合法销售和使用。同年，德国联邦参议院修订《道路交通法修正案》，通过了首个自动驾驶相关法律并允许自动驾驶在特定条件下代替人类驾驶。2018 年 4 月，荷兰众议院颁布《自动驾驶测试法（草案）》，允许智能网联车辆在完全无人的状态下进行测试。同年 7 月，英国《自动与电动汽车法案》获准并正式成为法律，该法案确立了智能网联汽车发生事故的保险制度和责任认定规则，为自动驾驶技术的商业化应用以及构建智能网联汽车保险体系提供指导。

3. 日本

日本正逐步修订智能网联汽车相关法律法规。日本先后颁布《自动驾驶汽车道路测试指南》《远程自动驾驶系统道路测试许可处理基准》，明确了道路测试的合法性以及驾驶位有人或无人需要遵循的条件。针对阻碍智能网联汽车发展的法律法规方面，已修订《道路交通法》和《道路运输车辆法》，2019 年 3 月通过日本内阁审议。2018 年 3 月，警察厅颁布《自动驾驶相关制度整备大纲》，制定了 2020 年实现 L3 级以上自动驾驶相关法规制度的修改原则。同年 9 月，日本国土交通省针对 L3 级、L4 级自动驾驶系统发布《自动驾驶汽车安全技术指南》，列出十项智能网联汽车安全条件，明确搭载 L3 级、L4 级智能网联汽车所必须要遵循的安全技术条件。

4. 中国

中国以道路测试为依托探索法律法规制修订工作。2017 年以来，中国相继出台相关政策及举措，规划未来智能网联汽车的发展。2018 年 5 月，工业和信息化部、公安部、交通运输部三部委共同发布国家层面《智能网联汽车道路测试管理规范（试行）》。在该文件指导下，中国各省市积极出台地方管理智能网联汽车道路测试管理实施细则，选定开放测试路端，推进智能网联汽车封闭区测试工作。以道路测试为基础，中国对法律、法规、强制性标准等对智能网联汽车的限制进行研究，并在示范区等特定区域内适度放开，为未来法律法规制定提供基础。

（三）产业发展层面

目前，欧、美、日在智能网联汽车技术领域形成了较强的优势。美国以人工智能技术为切入点，旨在掌控智能网联汽车车载核心芯片架构，取得人工智能计算时代的主导权，其在智能网联汽车产业链上具有明显优势；欧洲具有世界领先的汽车电子零部件供应商和整车企业，其基于车载传感器的自动驾驶技术相对领先；日本汽车产业和交通设施基础均较好，智能网联汽车方面技术水平也在稳步推进。

1. 美国

美国企业在智能网联汽车领域取得了诸多成果并占据全球领先地位。整车制造和零部件企业积极推进自动驾驶技术研发，相继推出相关产品，技术逐步成熟。通用汽车、福特等在内的整车制造商主要采用从低等级至高等级自动驾驶技术迭代的方式进行产品研发，目前已推出众多具备 L1 级、L2 级别自动驾驶功能的量产车型。Cruise、Waymo 致力于开发高级别自动驾驶技术，重点开展自动驾驶出租车业务，在凤凰城等地正在探索商业化运营许可。英伟达、英特尔、威力登在自动驾驶汽车计算芯片、激光雷达技术方面均保持全球领先地位。

2. 欧洲

欧洲拥有完备的整车及零配件产业基础，已制定清晰的智能网联汽车发展目标。奥迪已经开始在欧洲销售具备 L3 级自动驾驶功能的高端车型 A8，计划推出 L4 级自动驾驶量产车型；奔驰已具备 L3 级别自动驾驶技术储备，并在 S 级轿车上搭载 L3 级自动驾驶系统；宝马全新 3 系、7 系、X5 等新车型均已实现 L2 级自动驾驶，并推出

L3级自动驾驶量产车型BMW iNEXT；博世在自动驾驶感知、规划、决策和控制四大技术板块建立核心研发与产业化能力；大陆集团打造了车辆自动巡航、自主泊车和驾驶辅助三大解决方案。

3. 日本

日本汽车及相关企业积极推进智能网联汽车技术产业化。丰田早在2015年就成立了自动驾驶研究中心，计划2020年推出具备L3级别自动驾驶功能的车型。日产ProPilot自动驾驶技术已搭载在聆风和奇骏车型，可实现L2级自动驾驶，2020年推出L4级自动驾驶汽车。在零部件方面，日本拥有超过20家全球汽车零部件百强企业，雄厚的产业基础为自动驾驶技术发展提供重要支撑。为加速高精度地图发展，日本政府联合整车厂、地图供应商等成立高精度地图平台公司（Dynamic Map Platform，DMP），构建"产业－学术－政府"协同新模式。

4. 中国

中国发挥市场与体制优势，实践智能化与网联化融合路径。一汽、长安、东风、上汽、北汽、吉利、长城等主流整车厂纷纷发布具备L3级、L4级自动驾驶功能及C-V2X功能汽车的量产计划。计算平台、激光雷达、毫米波雷达等核心零部件取得突破，部分实现国产化突破。在网联化方面，C-V2X产业生态体系基本形成，产业化速度加快。基础设施建设、高精度地图和高精度定位等也取得阶段性进展，提升支持高等级智能网联汽车规模应用的能力。

（四）发展趋势分析

作为未来智能交通、智慧城市的重要组成部分，目前智能网联汽车正从单车智能逐步向车路协同发展，各国"人－车－路－云"一体化的项目示范与技术规划明显加速。随着智能网联汽车设计运行范围的扩展，道路交通场景复杂程度越来越高，仅凭单车智能方案难以在量产车上实现无人驾驶，通过车路协同技术可以有效弥补单车智能在信息获取、环境感知、规划决策和跟踪控制等诸多方面的能力短板和计算资源不足问题，以加速自动驾驶技术的产业化应用。

从各国战略规划来看，各个国家和地区都把智能网联汽车放到核心战略发展地位，制定一系列的战略规划以及法律法规支持产业发展；从市场端来看，以车辆安全为核心目标的智能网联汽车技术必将受到越来越高的重视，到2025年，中国驾驶辅助（DA）级、部分自动驾驶（PA）级、有条件自动驾驶（CA）级智能网联汽车占当年汽车市场销量的80%，高度自动驾驶（HA）级智能网联汽车开始进入市场，市场前景广阔；从技术产品端来看，智能网联汽车成为众多重点领域协同创新的焦点和构建新型交通运输体系的重要载体，是人工智能技术最好的产业先行区和试验田。

与此同时，智能网联汽车技术发展路线在不断完善，高精度传感器、计算芯片、操作系统、高精度地图与定位等产品也在不断演进、快速迭代，呈现诸多值得关注的发展趋势。

第二节　预期目标

根据国家发展和改革委员会《智能汽车创新发展战略》规划，至2025年，中国智能汽车发展的近期目标为：中国标准智能汽车技术创新、产业生态、基础设施、法规标准、产品监管和网络安全体系基本形成；实现有条件自动驾驶的智能汽车达到规模化生产，实现高度自动驾驶的智能汽车在特定环境下市场化应用；智能交通系统和智慧城市相关设施建设取得积极进展，车用无线通信网络（LTE-V2X等）实现区域覆盖，新一代车用无线通信网络（5G-V2X）在部分城市、高速公路逐步开展应用，高精度时空基准服务网络实现全覆盖。同时，在2035—2050年，远期愿景为：中国标准智能汽车体系全面建成；安全、高效、绿色、文明的智能汽车强国愿景逐步实现；充分满足人民日益增长的美好生活需要。

基于智能网联道路和智能通信等基础交通支撑条件，车路协同自动驾驶系统可以为智能网联汽车在不同智能化级别下的自动驾驶功能实现提供感知、决策和控制层的多尺度协同优化，从而有效降低智能网联汽车在多信息融合及决策控制方面的不利因素影响。基于车路协同自动驾驶技术在不同发展阶段的要求（表4-3），伴随诸如智能网联道路、智能通信等基础设施建设的不断完善，为智能网联汽车不同级别自动驾驶功能的实现提供了顶层技术框架和未来发展目标参考。

其中，在不同技术推广应用阶段，智能网联道路和智能网联汽车在环境感知、规划决策和跟踪控制方面所承担的主要任务及协同能力具有一定差异；同时，针对不同交通环境复杂性，结合智能网联道路硬件等基础设施功能的逐步完善，协同自动驾驶技术的大规模应用场景也逐渐从复杂性相对较小的高速公路向泛交通系统环境过渡。

表 4-3 车路协同自动驾驶系统大规模应用预期

	2025 年	2035 年	2045 年
车路协同等级	S3	S3+	S4
车辆级别	V2	V3	V3+
控制等级	协同控制（主要）	协同控制	协同控制和实时切换
应用场景	专用车道等主要道路（高速、公交、货运）	特定区域：试验场和园区	开放道路

基于 ITS 相关技术发展路径，车路协同自动驾驶技术的发展总体上需要经历技术示范、技术推广和大规模推广应用 3 个阶段。结合本路线图的总体思路设计，基于车路协同功能在智能网联道路和智能网联汽车端的分配情况，本节仅以技术的大规模推广应用为例简要介绍各阶段的车路协同功能分工情况。

一、至 2025 年

1）协同感知：通过路侧大部分连续化布设感知设备补全车载感知盲区，实现基本的全息和全时空感知和数据融合。

2）协同决策：深入应用和创新人工智能大数据分析等技术手段，实现自我学习和个体车辆智能预测，对交通信息进行深度处理和分析，为车辆的全面运营提供相对成熟的技术支撑；主要利用感知和预测的信息，结合协同优化决策和控制技术，通过车载设备完成决策和控制指令的计算。

3）协同控制：车辆执行控制指令，实现限定环境下多层次（关键节点层、路段层、交通走廊层和全局宏观层）和多群体（个体车辆、车队等）车路协同自动驾驶。

二、至 2035 年

1）协同感知：基于路侧感知设备的全局连续式布设，实现车辆和道路的全息协同感知和数据融合，构建限定环境下的全息和全时空高精度地图。

2）协同决策：对道路、车辆的微观行为能进行准确的判断。研究智能信息交通挖掘技术，对各种交通信息进行关联预测，为车路协同自动驾驶的车辆提供预警和控制指令，综合提高自动驾驶水平；结合协同优化技术，通过部署的路侧设备完成决策和控制指令的计算。

3）协同控制：车辆和道路都可实现控制功能（道路为主），以及复杂环境下多层次（关键节点层、路段层、交通走廊层和全局宏观层）和多群体（个体车辆、车队等）的车路协同自动驾驶。

三、至 2045 年

1）**协同感知**：基于路侧感知设备的全局连续式布设，实现车辆和道路的全息协同感知和数据融合，构建全息和全时空的实时高精度地图。

2）**协同决策**：应用人工智能与大数据技术进行自我学习和进化，能够对多层次和多目标的道路、车辆的微观行为进行准确判断等；结合协同优化技术，通过部署的路侧设备完成决策和控制指令的计算。

3）**协同控制**：车辆和道路都可实现控制功能（道路为主）以及实现实时切换，实现复杂环境下多层次（关键节点层、路段层、交通走廊层和全局宏观层）和多群体（个体车辆、车队等）的车路协同自动驾驶。

第五章

智能通信子系统

第一节 发展现状和趋势分析

一、智能通信技术

智能通信技术指借助无线通信和互联网等技术,全方位实现交通基础设施–车、车–车、车–路等动态信息的实时交互,是实现车路协同交通要素间网联化的基础。

在万物互联的当代,智能通信是实现"互联"的核心技术手段,通过现代通信技术,汽车、道路、行人等交通参与者不再孤立,所有参与者都成为智能交通系统中的信息节点。针对车路协同自动驾驶领域而言,"互联"也称为"网联",主要指智能道路设施与万物互联(Infrastructure to Everything,I2X)和车与万物互联(Vehicle to Everything,V2X),即智能道路/车辆与外界各物进行互联,这是未来车路协同、智能汽车、自动驾驶、智能交通运输系统的基础和关键技术。

(一)I2X 技术内容

在车路协同自动驾驶框架下,I2X 技术内容主要包括以下 4 部分。

1)智能道路设施–车(Infrastructure to Vehicle,I2V),可以用作基础设施与车辆间信息交互和提醒,最典型的应用是用于路侧模块提供相关道路信息给车辆,并对车辆行驶路径和驾驶行为进行控制。

2)智能道路设施–智能道路设施(Infrastructure to Infrastructure,I2I),基础设施之间可以互相通信,例如不同位置不同功能的基础设施的互通,路侧指挥单元获取交通灯信号时序等道路管理信息等。

3)智能道路设施–互联网(Infrastructure to Cloud,I2C),其主要功能是使基础设施通过移动网络,连接到云服务器,使用云服务器提供的导航、娱乐、防盗等应用功能。

4）智能道路设施 – 行人（Infrastructure to Pedestrian，I2P），则是用作给道路上行人或非机动车安全警告。

(二) V2X 技术内容

V2X 技术内容主要包括：

1）车 – 车互联（Vehicle to Vehicle，V2V）：V2V 需要一个无线网络，主要指网络内车辆间的信息交互，传递的信息包括速度、位置、驾驶方向、刹车等。

2）车 – 智能道路设施互联（Vehicle to Infrastructure，V2I）：网络内车辆与交通基础设施间的互相通信，如道路信息请求，车辆控制或接管请求等。

3）车 – 行人互联（Vehicle to Pedestrian，V2P）：车辆可以与行驶范围内的行人交互，获得行人的行为动态，从而行驶更加安全，同时，行人也能获得车辆的信息，为行人的安全提供保障。

4）车 – 网互联（Vehicle to Network，V2N）：就是车联网。车辆与移动互联网、交通网等大网相连，实现车辆与现有互联网相连，使车辆能够获得互联网的服务能力。

二、技术需求

智能通信技术的应用将致力于：①实现全时空动态交通信息采集与融合；②将人/路/车/云等交通参与要素有机联系在一起；③服务于车辆主动安全控制和道路协同管理等；④构建安全、效率的车路协同智能交通系统。

目前，就车路协同自动驾驶技术对通信的技术需求来看，所采用的智能通信设备必须能够具备大容量信息的低延迟传播以及网络链接的稳定性能力，这是保证车路协同中的车、人以及道路安全的核心问题。在智能交通领域，世界范围内当下被普遍认可的可适用于自动驾驶领域的通信技术标准有 DSRC、4G-LTE 以及近年新兴的 5G 技术。其中，美国、日本以及欧洲为代表的国家更倾向于借助 DSRC 实现未来车辆的互联，而中国则越来越多地将研究重心向蜂窝移动技术转换，尤其是当前 5G 技术的兴起，让人们更加坚定 5G 将会是实现车辆互联的重要手段。另外，随着科学技术的不断发展，诸如通用 Wi-Fi/ 蓝牙 /RFID 等传统通信技术也将在一定程度上辅助未来智能通信系统的发展。

DSRC 是一种专门针对汽车应用而提出的单向或双向短程到中程无线通信信道，

由 IEEE 开展相关标准的制定。它可以实现在特定小区域内（通常为数十米）对高速运动下的移动模板的识别和双向通信。DSRC 技术具备效率、实时性、数据流明确、自组网等特性，目前已经过大量的技术测试，稳定性可靠，且具有完善的标准体系。然而，随着移动通信技术的进步，对可靠性、低延迟的要求越来越迫切，DSRC 仅适用于短程通信，受距离限制影响，距离过长会导致可靠性急剧下降。因此，DSRC 技术并不能满足车辆智能化的多重需求（如离线覆盖、安全等）。

蜂窝车联网（Cellular Vehicle to Everything，C-V2X）提供低时延、高可靠的 V2X 通信能力，已成为国际主流的车联网通信标准。移动通信在中国信科（大唐）2013 年最早基于 4G LTE 提出蜂窝通信与直通通信融合的 LTE-V2X 概念和关键技术之后，联合我国企业等牵头在 3GPP 主导 LTE-V2X 国际标准制定，于 2017 年 3 月完成标准化。随着 4G 向 5G 演进，C-V2X 标准正在从 LTE-V2X 到 NR-V2X 的演进，并在全球竞争中已形成超越态势。

LTE-V2X（Long Time Evoltion-V2X），这种技术由中国的大唐与华为主导开发，LTE-V2X 针对车辆应用定义了两种通信方式：集中式（LTE-V-Cell）和分布式（LTE-V-Direct）。集中式也称蜂窝式，需要基站作为控制中心，集中式定义车辆与路侧通信单元以及基站设备的通信方式；分布式也称直通式，无须基站作为支撑，在一些文献中也表示为 LTE-Direct（LTE-D）及 LTE D2D，分布式定义车辆之间的通信方式。然而，LTE-V2X 的缺点也同样突出：技术成熟度较低，面向车车主动安全与智能驾驶的服务性能还需要充分的测试验证。

目前，3GPP 5G NR 积极支持 V2X 的标准化工作，自从 2018 年 6 月 RAN#80 全会上启动了 NR-V2X 技术研究后，3GPP 工作组针对 NR-V2X 的研究内容展开了丰富的讨论，在 RAN1#96 会议中结束了 NR-V2X 关于研究项目部分的讨论，NR-V2X 从 RAN1#96b 次会议开始正式进入工作项目讨论，各种技术要点也将尘埃落定。因此，稳步推进高带宽、低延迟的 5G 无线通信将成为自动驾驶技术发展的必然要求。

然而，繁荣的国际车联网市场下，智能通信技术标准却尚未形成统一的局势，目前全世界就智能通信技术标准正处于 DSRC 与 LTE-V2X 相争的局面。中国正在积极推广具有自主知识产权的 4G/5G LTE 技术，有望成为未来中国汽车网络的标准。各类通信技术优缺点总结如表 5-1 所示。

表 5-1　主流通信技术优劣势对比

关键技术指标	DSRC	LTE-V2X
网络覆盖	有限覆盖	广域覆盖
通信场景	V2V、V2I	V2V、V2I、V2N、V2P
时延	不确定时延	20ms（3GPP Rel 14 版本） 10ms（3GPP Rel 15 版本）
可靠性	不保障可靠性	>90%（3GPP Rel 14 版本） >95%（3GPP Rel 15 版本）
峰值速率	6Mbps	31Mbps
同步	不同步	同步
信道编码	卷积码	Turbo 码
波形	OFDM	SC-FDM
资源复用	仅支持 TDM	支持 TDM 和 FDM
重传	不支持	支持 HARQ 重传
资源分配	CSMA/CA	基于感知的半持续调度
多天线	节点实现	支持发送分集

三、智能通信系统应用

目前，智能通信系统逐渐被应用于各种交通场景，已经开始在智能交通领域中扮演着重要的角色。

（一）紧急呼叫

智能通信系统在交通紧急呼叫场景发挥重要作用：当车辆遇到突发事件，如发生侧翻或者严重碰撞、安全气囊弹出、驾驶员失去意识，安全气囊点火信号会第一时间触发车载紧急呼叫通信装置，向城市交通紧急救助中心或车辆运营商紧急救助中心发出求救信号，并关联车载定位系统提供突发事件车辆的具体地理位置，对接车载设备的视频影像系统上传车内情况视频资料。相应的紧急救助中心可根据事故详细信息对事故进行分类，通过救助平台的应急处置系统进行紧急救援车辆、人员的通信指挥调度，或采用应急呼叫系统通知第三方紧急救助中心进行紧急救助行动。

（二）交叉路口碰撞预警

在无交通管制的平面交叉口或环形交叉口范围内车辆可能会产生冲突点或交织，存在刮擦或碰撞风险，是影响交叉口通行能力、行车速度和行车安全的重要因素。通信系统应能根据车辆实时位置和速度提前发出碰撞告警信息，提醒驾驶员采取减速或避让措施以避免车辆相撞。

（三）车速引导

依据交通监控中心采集的城市路网运行车辆位置、交通量、行驶速度、突发事件等交通动态信息，采用智能通信网络建设交通出行信息服务系统的数据通信网络，实现数据联通，并通过智能通信系统，如车载智能通信终端（车载导航仪）、短信平台、交通广播、通信终端（诱导指示牌）进行交通信息发布，其中包括实时路况、交通拥堵情况、事故情况、交通预警等。交通信息的发布可引导驾驶员提前规划或调整路线，避开事故路段，或根据路况情况提前调整车速，实现路口通行速度的提升，减少车辆燃油消耗。

（四）车辆编队行驶

在车辆编队行驶过程中，通信系统的作用至关重要，车辆与云端、车辆与车辆、车辆与行车环境之间需要大量实时的数据交互、通信和连接。通信系统应具备车道保持与跟踪、协作式自适应巡航、协作式紧急制动和协作式换道提醒等功能。

第二节　预期目标

各种类型场景中通信系统的分阶段发展目标，需要结合七类不同的应用场景，多类不同车辆类型考虑以下 4 个方面：①道路等级；②服务车辆等级；③智能网联道路的主要应用场景；④接管对象。

基于车路协同自动驾驶技术在大规模推广应用阶段的要求，伴随诸如智能网联道路、智能通信等基础设施建设的不断完善，智能通信系统始终服务于不同级别自动驾驶功能的道路及车辆，并满足各阶段系统对通信功能提出的基本要求。

一、至 2025 年

（一）主要服务对象和智能化水平

1）道路等级：I3。高度网联化的交通基础设施可以在数毫秒内为单个自动驾驶车辆（自动化等级 1.5 及以上）提供周围车辆的动态信息和控制指令，可以在包括专用车道的主要道路上实现有条件的自动化驾驶。遇到特殊情况，需要驾驶员接管车辆进行控制。

2）最优服务车辆等级：V2+。V2+等级车辆是指车辆配备了更先进的驾驶辅助系统，可以在更广泛的道路情况下接管车辆的控制，但仍然需要驾驶员的持续监督和介入。

（二）技术支撑：5G规模应用/新一代通信技术

5G规模应用/新一代通信技术，具有更高的速度、更低的延迟、更大的连接密度和更好的能源效率，可以支持更多的新兴应用场景。

（三）主要目标

1）针对高速公路场景中，智能路侧设施可以在数毫秒内为单个自动驾驶车辆提供周围车辆的动态信息，并基于通信技术（I2X等）将横纵方向控制指令发给单车以实现单车自动驾驶。其中要求自动驾驶车辆的自动化等级达到1.5或以上，即交通基础设施系统可以实现对自动驾驶车辆进行横向和纵向的控制。

2）试验场和园区智能道路，实现有条件网联化和初步自动化。网联化的智能道路可以在数毫秒内为单个自动驾驶车辆（自动化等级大于1.5及以上）提供周围其他车辆的动态信息和控制指令。服务车辆具有辅助驾驶，协同感知的功能，并可以在包括专用车道的主要道路上实现有条件的自动化驾驶。

3）在隧道场景中，侧重隧道基础设施及自动驾驶车辆间部分网联化，路侧基础设施不再仅从单车运行的效率与安全出发控制车辆，而是可以结合交通控制中心从全局出发，协同控制所有自动驾驶车辆的运动，适当调配，以达到全局优化。但遇到特殊情况，需要驾驶员接管自动驾驶车辆进行控制。

4）货运专线场景中，需要通信设备在数毫秒内为单个自动驾驶车辆（自动化等级大于2及以上）提供周围其他车辆的动态信息和控制指令。车辆具有辅助驾驶，协同感知的功能，并可以在包括专用车道的主要道路上实现高度自动化驾驶。遇到特殊情况，不需要驾驶员接管控制车辆。

5）城市快速路场景中，交通基础设施系统支持单车自动化驾驶，数据之间能够高度融合，信息采集、处理和传输的时延低。部分数据可以在车辆与车辆之间、车辆与交通基础设施之间信息共享。

6）城市主干道场景下，主干道道路系统能够在时空上的连续监测和更新交通基础设施静态数据（红绿灯、标志标线、重要结构物、车道类型等），具备更高精度的车辆运动监测传感功能。数据之间能够高度融合，信息采集、处理和传输的时延低。

7）国省道场景，国省道干线监测、传感、通信设备完善升级，达到部分网联化、部分智能化、部分自动化。

二、至 2035 年

（一）主要服务对象和智能化水平

1）道路等级：I3+。交通基础设施为自动驾驶车辆（自动化等级1.5及以上）提供了详细的驾驶指令，可以在特定场景/区域（如预先设定的时空域）实现有条件的自动化驾驶。

2）最优服务车辆等级：V3+。V3+等级车辆的自动驾驶性能较高，驾驶员可以选择将车辆置于自动驾驶模式下，并将操控责任转交给车辆。然而，驾驶员仍然需要在少数特定情况下接管控制。在达到条件的情况下，驾驶员会收到提示，要求他们回到驾驶座位并重新接管控制，以应对复杂或紧急的交通状况。

（二）技术支撑：5G/新一代通信技术

5G规模应用/新一代通信技术，具有更高的速度、更低的延迟、更大的连接密度和更好的能源效率，可以支持更多的新兴应用场景。

（三）辅助技术：通用Wi-Fi/蓝牙

借助通用Wi-Fi/蓝牙等技术作为辅助。通用Wi-Fi是一种无线局域网技术，用于在有限范围内实现无线数据传输和网络连接；蓝牙是一种短距离无线通信技术，用于在设备之间进行低功耗的数据传输和连接。

（四）可辅助道路实现的功能：部分网联化、部分智能化、部分自动化

在系统中，部分设备、流程或数据实现了互联网连接的状态并拥有智能化的特性，能够通过数据分析、学习和自适应实现更智能的运行。部分流程或任务实现了自动化的状态，能够减少人工干预和提高效率。

（五）主要目标

1）针对高速公路场景，能够实现道路环境与交通信息之间的互动。其中：①提供的道路环境信息包括：交通服务设施信息、车道汇合提醒、弯道限速提醒、前方车道变窄、高速出口信息等；②提供的实时交通信息包括：前方交通拥堵提醒、天气状况、路面湿滑程度、停车限制、转向限制；③提供的突发事件及交通管制信息包括：前方交通事故提醒、前方交通管制提醒。

2）试验场和园区智能道路2025年实现高度自动驾驶。智能道路能够为自动驾驶

车辆（自动化等级大于 1.5 及以上）提供了详细的驾驶指令，可以在特定场景/区域（如预先设定的时空域）实现高度自动化驾驶。

3）隧道场景可实现完全信息化、高度智能化和自动化。在隧道基础设施完全信息化的情况下，可通过 I2X 通信在数毫秒内为单个自动驾驶车辆提供周围车辆的动态信息，供其优化驾驶决策。路侧基础设施系统也可对自动驾驶车辆进行接管与控制，完成车辆的感知、预测、决策、控制等功能，实现特定场景/区域混合交通背景下的车辆自动驾驶。

4）货运专线场景应发展为有条件网联化、全场景有条件自动化。需要通信设备在数毫秒内为自动驾驶车辆（自动化等级大于 1.5 及以上）提供详细的驾驶指令。具有部分控制、协同决策的功能，遇到特殊情况，仍需智慧道路进行车辆的接管与控制。

5）城市快速路场景中，可实现高度智能化和网联化。I2X/V2X 网络覆盖主要城市快速路，实现动态实时信息交互，智能路测基础设施能获取道路环境动态数据及实时交通信息，在包括专用车道的主要道路场景中，实现车辆横纵向驾驶辅助及特殊情况下的车辆接管及控制。

6）城市主干道场景下，可实现有条件自动化和高度网联化。建设城市交通指挥中心，构建交通管理综合信息平台和公安交通集成指挥平台，开发高度网联化的主干道车辆自动驾驶辅助管理系统。对城市主干道进行改造，设置具有严格的物理隔离的自动驾驶专用车道；安装高灵敏度传感设备，高度网联化车辆、主干道基础设施，使主干道交通基础设施为单个自动驾驶车辆提供周围车辆的动态信息和横纵方向控制指令。

7）国省道场景下，可实现部分场景自动化，有条件网联化。通过国省道干线监测、传感及通信设备，实现单车专用道自动驾驶。

三、至 2045 年

（一）主要服务对象和智能化水平

1）道路等级：I4。交通基础设施为自动驾驶车辆（自动化等级 1.5 及以上）提供详细的驾驶指令，可以在特定场景/区域（如预先设定的时空域）实现高度自动化驾驶。遇到特殊情况，由交通基础设施系统进行控制，不需要驾驶员接管。

2）最优服务车辆等级：V4。级别 4 车辆已经具备高度自动化的能力。车辆可以在绝大多数正常道路和交通条件下完全自主驾驶。驾驶员可选择是否介入操控，但不再需要持续监控车辆的运行。

（二）技术支撑：5G/新一代通信技术

5G规模应用/新一代通信技术具有更高的速度、更低的延迟、更大的连接密度和更好的能源效率，可以支持更多的新兴应用场景。

（三）主要目标

1. I2X/V2X可支撑I4+/V4场景的通信需求

V2X是车辆之间以及车辆与基础设施、其他交通参与者之间的通信。I2X是指基础设施通过无线通信技术与车辆和其他交通参与者之间进行交换信息和互联互通的能力。通过基础设施车辆之间以及车辆与其他参与者之间通信，可以实现智能交通系统的进一步发展，提高交通效率和安全性。

2. I2X/V2X网络覆盖全国大部分高速公路和城市快速路，深度网联化

1）针对高速公路场景，高速公路控制中心可以完全控制所覆盖路网中的车辆，以达到更好的全局优化，并且可以优化部署高速公路整个网络。交通基础设施系统对自动驾驶车辆进行接管与控制，完成车辆的感知、预测、决策、控制等功能，实现高度自动驾驶，即交通基础设施系统依托I2X/V2X通信实现对自动驾驶车辆进行横向和纵向的控制。

2）试验场和园区智能道路实现全场景网联化和自动化。网联化的智能道路能够实现所有单个自动驾驶车辆（自动化等级大于1.5及以上）在所有场景完全感知、预测、决策、控制、通信等功能，优化部署基础设施的整个网络，不需要驾驶员参与并可提供主动安全功能。

3）在隧道场景中，实现完全信息化、高度智能化/自动化、高度网联化。重大隧道通过I2X/V2X通信支持非极端场景下的高度自动化驾驶和全局优化交通管理。

4）货运专线支持大部分场景下高度自动化驾驶，实现全场景网联化和自动化。智能道路通过I2X/V2X通信提供道路环境和实时交通信息，实现车辆纵横向驾驶控制、主动安全控制、交通管理与运输效率管理及区域/全局规划与控制功能。实现所有单个自动驾驶车辆（自动化等级大于1.5及以上）在所有场景完全感知、预测、决策、控制、通信等功能，优化部署基础设施的整个网络，不需要驾驶员参与。

5）城市快速路实现高度自动化，交通基础设施系统可以在数毫秒内为单个自动驾驶车辆提供周围车辆的动态信息和横、纵方向控制指令。满足单车大部分场景完全

感知、预测、决策、控制等功能，特殊情况无须驾驶员接管。

6）城市主干道场景下，应用基于I2X/V2X通信的高度网联化和高度智能化的主干道车辆自动驾驶辅助管理系统为单个自动驾驶车辆提供周围车辆的动态信息和横纵方向控制指令。主干道交通基础设施可以在数毫秒内为单个自动驾驶车辆提供周围车辆的动态信息，并通过通信系统将横纵方向控制指令发给单车以实现单车的高度的自动驾驶。

7）国省道场景实现主要场景自动化、高度网联化，支持国省道干线部分场景高度自动驾驶；支持局域优化交通管理。

第三节　实施路径

一、相关标准与安全体系的制定与完善

完善I2X/V2X相关标准与安全体系建设。车路协同自动驾驶是一项庞大复杂的工程，需要国家层面统一规划、顶层设计，标准体系的建立健全是顶层设计落地实施的重要基础。应深入研究中国I2X/V2X的技术需求与现状，系统梳理完善现有技术标准与安全体系，指导后续标准制订，支撑车路协同自动驾驶建设，促进通信技术的落地与实施。

二、开展基于复杂示范道路的大规模技术测试

整个技术测试分两步骤三阶段并行展开：第一步主要针对软件系统层面进行技术研发试验；第二步将进行针对实际道路场景下的产品研发试验，又可细分为关键技术验证测试、技术方案验证测试和系统验证测试3个阶段；最终完成基于5G系统的组网技术功能和性能测试阶段。

三、推动5G关键技术落地与开展新一代通信技术的研发

5G关键技术主要分为无线技术和核心网技术两部分。其中无线技术需要保证时延控制在1~5ms，支持500km/h的相对速度，具备高度可靠性；展开基于Uu的单播、广播、灵活的组波（按区域、用户等）；实现基于PC5的单播、广播、组播、空口软切换、UE中继的技术实现；解决NR-V2X与LTE-V2X的兼容性问题；开展新型QoS

增强的优化算法。核心网技术范畴内，建立车联网 V2X 技术测试验证、安全管理、通信认证鉴权体系和信息开放。继续探索路侧与车载终端组件的构建。

四、确保 5G 技术对车路协同资源保障

5G 技术对车路协同资源保障主要体现在以下两个方面。

1）高带宽信息支撑：当计算能力不足带宽成为瓶颈时，依托高精度定位、高清地图采集、高清地图更新、视频路况共享、视频编解码等关键技术支撑，将计算的能力下沉到边缘侧予以支持。

2）低时延安全效率：协同服务阶段，凭借 5G 技术低时延安全效率的技术特点，构建"人–车–路–云"高度协同的互连环境，实现车路协同控制、车车协同编队、远程操作等高级 / 完全自动驾驶业务，最终支撑实现完全自动驾驶。

五、推动 I2X/V2X 商业化部署，实现通信网络覆盖

实现高度自动驾驶的智能汽车在 I2X/V2X 技术环境下的市场化应用。智能交通系统和智慧城市相关设施建设取得积极进展，实现通信网络的区域覆盖，新一代车用无线通信网络（5G-V2X）在部分城市、高速公路逐步开展应用，高精度时空基准服务网络实现全覆盖。

第六章

智能支撑子系统

第一节　发展现状和趋势分析

智能支撑系统是指为用户提供交通服务的各种物质和技术支持,是保证交通活动正常运行的公共服务系统,主要包括:云平台、边缘计算、高精度地图、高精度定位、和信息安全等。

一、云平台

图 6-1 展示了车路协同自动驾驶云平台的整体框架。智能交通整体系统大致分为 3 个子系统,分别是整体系统、道路系统与车辆系统。为分别对应以上 3 个子系统,云平台可通过对这 3 个子系统的应用服务和计算设备进行分层,可分别搭建系统云平台、道路云平台与车辆云平台。

（一）国家政策

国家层面,早在 2012 年 9 月,科技部就发布了《中国云科技发展"十二五"专项规划》,是中国政府层面云计算首个专项规划,详细规划了"十二五"期间云计算的发展目标、任务和保障措施。2015 年 1 月,国务院发布《关于促进云计算创新发展培育信息产业新业态的意见》。

2017 年 4 月,工业和信息化部发布的《云计算发展三年行动计划（2017—2019 年）》指出,至 2019 年中国云计算产业规模达到 4300 亿元,突破一批关键核心技术,云计算服务能力达到国际先进水平,对新一代信息产业发展的带动效应显著增强。

（二）示范单位相关成果与测试

大多企业与单位仅提出对于车路协同云平台的初步构想,仍处于摸索阶段,如阿里巴巴；只有少数作出了成果,但功能方面仅限于协同感知,如腾讯 5G 车路协同开源平台。

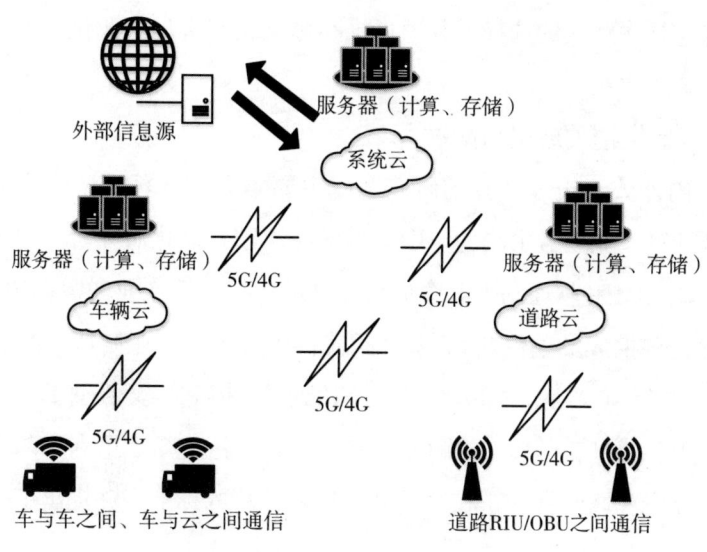

图6-1 车路协同自动驾驶云平台框架

（三）存在问题

1）极少数目前阶段可完成协同感知并提供简单的驾驶的辅助，但仍无法达到自动驾驶所需要的协同决策与控制。

2）目前存在的"云平台"无法完全达到车路协同自动驾驶的需求，即使前沿的自动驾驶云平台也仅限于提供协同感知与简单提醒为主的驾驶辅助。

3）目前，云平台无法提供系统内子系统与系统外各个领域的云端系统的融合。

二、边缘计算

边缘计算是指靠近物或数据源头的一侧，采用网络、计算、存储、应用核心能力为一体的开放平台。这里的网络边缘侧可以是从数据源到云计算中心之间的任意功能实体，这些实体搭载着融合网络、计算、存储、应用核心能力的边缘计算平台，为终端用户提供实时、动态和智能的服务计算。

（一）国家政策

中国在"十三五"规划中提出的两化融合、《中国制造2025》等国家战略，对信息、通信技术与操作技术的融合提出了迫切的需求。边缘计算是信息、通信技术与操作技术融合的支撑与使能技术，产业发展将进入重要机遇期。工业自动化技术体系将从分层架构、信息孤岛，转向物联网、云计算、大数据分析架构演进，而边缘计算将是实现分布式自治控制工业自动化架构的重要支撑。边缘计算产业联盟将重点关注体系架构的制定与技术路线的选择,并通过推动标准化来带动产业化发展。同时,将充分关注生态系统的构建。

(二)示范单位相关成果与测试

目前,国内外关于边缘计算的研究领域主要集中在计算模型、体系结构、信息安全等,边缘计算产业联盟由华为、中国科学院沈阳自动化研究所、中国信息通信研究院、英特尔、ARM 和软通动力联合倡议成立的边缘计算产业联盟,2016 年 11 月在北京正式成立,首批成员单位共 62 家,涵盖科研院校、工业制造、能源电力等不同领域。截至 2017 年 10 月底,成员数量已经达到了 136 家,又吸纳了大量国际知名企业加入,如三菱、博世、迅达、施耐德、菲尼克斯、沃克斯、风和、印孚瑟斯、迈克菲、ABB 等。该产业联盟目前正在着手制定边缘计算的标准,并提出了边缘计算参考架构。

OpenFog 联盟由 ARM、思科、戴尔、英特尔、微软、普林斯顿大学边缘(Edge)实验室联合发起,试图定义一个开放、可互操作的雾计算架构,工作重点是为高效可靠的网络和智能终端创建框架,并结合基于开放标准技术的云、端点和服务之间的可识别、安全和隐私友好的信息流。

全球最大开源社群 Linux 于 2017 年 4 月成立物联项目——EdegX Foundry 来推动边缘计算,以打造可适用于物联网边缘计算的通用开放框架为目标,加速构建一个面向企业物联网边缘计算互通性的生态体系。目前已经有 50 多家厂商加入,如 VMware、戴尔、AMD、Bayshore Networks、Beechwoods Software、Canonical、ClearBlade、CloudPlugs、Cloud of Things 等,涵盖硬件制造商、软件开发者、设备制造商以及系统整合商。

三、高精度地图

高精度地图是智能网联汽车技术产业的重要基础技术之一,主要服务对象是无人驾驶汽车,帮助车辆预先感知复杂的路面信息,有助于车辆作出正确决策。与传统地图相比,高精度地图具有更加丰富全面的道路交通信息,可以更加准确地反映道路的真实情况。

(一)国家政策

2014 年,国家测绘局印发修订后的《测绘资质分级标准》,要求申请资质测绘单位同时达到通用标准和相应的专业标准,包括:大地测量、测绘航空摄影、摄影测量与遥感、地理信息系统工程、工程测量、不动产测绘、海洋测绘、地图编制、导航电子地图制作、互联网地图服务。其中导航电子地图制作和互联网地图服务是关系到能否开展车载高精度地图业务的前提条件。

（二）示范单位相关成果与测试

国外的高精地图主要有 Here、TomTom、Waymo（原 Google 地图）等老牌图商，其中 Waymo 的高精地图目前仅用于自己的无人车，披露信息非常少。此外，因为美国的地图测绘政策限制较少，因此成为高精地图创业者的天堂，比较有名的初创公司是 DeepMap、CivilMaps、lvl5、Carmera。初创企业往往有一个自己主打的算法技术，比如 CivilMaps 能将 1T 的激光雷达点云数据压缩到 8MB，Carmera 融合摄像头和激光雷达的图像获得更好的传感效果等。

国内市场有较为严格的地图测绘政策，目前拥有导航电子地图资质单位名单的企业有 14 家，分别是四维图新、高德、长地万方、凯德、易图通、城际高科、国家基础地理信息中心、光庭信息、浙江省第一测绘院、江苏省基础地理信息中心、灵图、立德空间信息、滴图科技。

（三）存在问题

1）云端的存储、运算、通信能力是初创企业普遍的短板。

2）现在常见的是生成某一局部的高精地图，但是难以实现生成超大规模的高精地图。

3）环境天气因素不可避免的会影响到精度和数据质量。

四、高精度定位

高精度定位是智能网联汽车技术产业的重要基础技术之一，主要服务对象是无人驾驶车，要实现高级别自动驾驶需要达到厘米级精度的定位。高精度定位技术对于 L3 以上自动驾驶的实现至关重要，要实现所有场景、所有地区的自动驾驶，必须要具备在任何场景、地区的厘米级定位能力。

（一）国家政策

2018 年，工业和信息化部、国家标准化管理委员会联合组织制定《国家车联网产业标准体系建设指南》中发布的"智能网联汽车标准体系表"里包含：车载卫星定位系统信号接收装置性能要求及试验方法、车载定位及导航系统接口技术要求。在智能化交通领域，高精度定位技术为智能化交通指挥系统中信息服务集成、分配动态交通流和提供车联网服务等奠定了基础。

(二)示范单位相关成果与测试

国外的高精度定位系统主要有:①提供全球范围定位服务:美国全球定位系统、俄罗斯 GLONASS、欧盟 Galileo;②提供区域范围定位服务:日本 QZSS、印度 IRNSS;③中国高精度定位系统:北斗导航系统。

同时有许多企业也在建设商业化的高精度定位系统:合众思壮提供平面标称精度 4cm 的高精度定位服务;拓普康提供平面标称精度 4~10cm 的高精度定位服务;中海达在 2016 年开始建设,设计精度为平面 4cm,提供全球范围的服务,在 RTK 产品上已经进入实测应用阶段;海克斯康旗下的 Terra Star 系统由 7 颗 GEO 地球同步轨道通信卫星播发信号,提供标称精度为平面 3cm 的高精度定位服务;同为海克斯康旗下的 VERIPOS 系统在全球范围的海洋业和农业提供标称精度为 5cm 的高精度定位服务;美国天宝旗下的 Omnistar 系统在全球大部分地区提供标称精度 3.8cm 的高精度定位服务,其最新服务区域已能覆盖中国西部地区;美国 NAVCOM 旗下的 StarFire 系统在全球范围提供标称精度为 5cm 的高精度定位服务,与 StarFire 同一个系统的 C-Nav 系统目前有 55 个跟踪基站;Fugro 旗下的 Starfix 系统提供标称精度为 3cm、10cm 和分米级的定位服务。

(三)存在问题

1)星地增强系统构建难度大,成本高。

2)现阶段常见的是特定场景下的高精度定位,大范围的高精度定位难以实现。

3)使用环境与天气情况等因素不可避免地会影响到高精度定位的精度和时效性。

五、信息安全

自动驾驶安全是由功能安全和信息安全共同组成,二者缺一不可。信息安全侧重于相关设计能否保障自动驾驶系统免受外界入侵攻击或使攻击不影响应有驾驶能力的发挥。巩固信息安全是一条无止境的道路,必须要时刻保证车路协同自动驾驶系统联网之后不被网络黑客攻击。

自动驾驶信息安全无论是设计理念、政策法规、组织措施和保护技术,均处于起步阶段,且面临着来自传感器制造商、软件开发商和操作系统提供商等多重供应链的挑战。例如,一辆现代化汽车有着 50~150 个电子控制单元,即微型电脑,由不同的供应商提供，均有被黑客利用进入系统的风险；车辆的无线通信功能、USB 接口、蓝牙或 Wi-Fi 等移动设备，直接与汽车关键系统相连接，可能存在漏洞；相当数量的部件在软件更新和补丁过程中存在被攻击的隐患。

（一）国家政策

2016 年 11 月，国家发布了《中华人民共和国网络安全法》，明确要求包括车厂、车联网运营商在内的网络运营者需"履行网络安全保护义务，应当依照法律、行政法规的规定和国家标准的强制性要求，采取技术措施和其他必要措施，保障网络安全、稳定运行，有效应对网络安全事件，防范网络违法犯罪活动，维护网络数据的完整性、保密性和可用性"。该法于 2017 年 6 月正式施行，客观上对网联车辆运营者提升网络安全意识、积极采取网络安全防护措施具有重要意义。

（二）示范单位与测试

国际上，世界车辆法规协调论坛（UN/WP. 29）于 2014 年 12 月成立了智能交通与自动驾驶非正式工作组（ITS/AD），同时将汽车信息安全标准纳入协调范围，并于 2016 年 12 月组建了信息安全标准制定任务组，围绕汽车网络安全、数据保护及软件升级三部分内容展开相关国际法规及标准制定工作。2016 年 10 月，ISO/TC22 道路车辆技术委员会与美国 SAE 以联合工作组的形式成立了 ISO/SAE/JWG Automotive Security 信息安全工作组，正式启动了 ISO 层面的国际标准法规制定工作。

在长春，由中国一汽集团和北京航空航天大学发起，依托于中国汽车工程学会成立的中国首个汽车信息安全委员会，主要致力于推动行业资源融合、标准立项、技术推广等内容。国家互联网应急中心、工业和信息化部情报研究所、中国电科第 30 研究所等成员单位牵头在成都正式成立了车载信息服务产业应用联盟网络安全委员会，主要立足于电子信息技术与汽车、交通行业的深度融合，推动网络安全技术体系和核心技术标准形成，构建安全、和谐的车载信息服务应用环境。

（三）存在问题

在信息安全中尤为重要的漏洞检测技术领域，目前还缺乏高效、准确的漏洞分析自动化技术，很多安全威胁和风险需要专业工作人员的经验作深度的分析和最后的判断。

传统的网络安全技术应急响应速度慢，不能适应恶意代码的迭代进化速度。

第二节 预期目标

基于相关技术发展路径，车路协同自动驾驶技术的发展总体上需要经历技术示范、技术推广和大规模推广3个阶段[①]（表6-1）。需要说明的是：

1）系统云与整体系统规划一致，为满足整体系统对系统云的功能需求，系统云在上述3个阶段内系统等级与总体系统保持一致，并且可为整体系统提供相应功能服务。

2）道路云主要依托道路环境，因此其系统等级与相关道路环境保持一致并提供支撑道路系统自动驾驶的功能需求。

3）边缘计算、高精地图、高精定位、仿真平台技术这4项技术由于指向性较为明确，应用范围普适性较高，发展阶段基本可用线性方式表达，因此在讨论时采取根据时间推移，技术由示范期发展至大规模推广期的表达方式，在相应预期年中可预计其对应发展阶段与可支撑的系统等级。

4）信息安全由于以软件发展为主，其发展基本受限于实体硬件条件或硬件环境，因此统一采用技术推广时期的系统等级描述。

表6-1 各自动驾驶支撑功能未来预期目标

类型	阶段	至2025年	至2035年	至2045年
系统云平台	技术示范期	S4	S4+	S4++
	发展特征	完全协同决策，云端信息小范围交互	完全协同决策，交通行业范围云端信息交互	完全协同决策，云端信息全范围交互
	技术推广期	S3+	S4	S4+
	发展特征	高度协同决策，云端信息小范围交互	完全协同决策，交通行业范围云端信息交互	完全协同决策，云端信息全范围交互
	大规模推广期	S3	S3+	S4
	发展特征	高度协同决策，云端信息小范围交互	高度协同决策，交通行业范围云端信息交互	完全协同决策，云端信息全范围交互

---

① 参考智能网联道路系统中对于道路的7种分类，不同类型道路等级在相同时期存在不一致，为统一逻辑性，此处系统等级以高速公路环境为准。

续表

类型	阶段	至 2025 年	至 2035 年	至 2045 年
道路云平台	技术示范期	I4	I4+	I4++
	发展特征	高度自动驾驶，高度网联化道路，路段全局优化	高度自动驾驶，各个子系统之间融合，外部交通方面云端系统的融合	高度自动驾驶，全国范围内与各个领域的云端系统达成对接与融合，辅助整个路网的优化决策
	技术推广期	I3+	I4	I4+
	发展特征	有条件自动驾驶和高度网联化道路，实现横纵向辅助控制	高度自动驾驶，高度网联化道路，路段全局优化	高度自动驾驶，与各个子系统之间融合，与外部交通方面云端系统的融合
	大规模推广期	I3	I3+	I4
	发展特征	有条件的自动驾驶和高度网联化道路，建立初步区域级数据云控平台以收集存储路侧数据	有条件自动驾驶和高度网联化道路，实现横纵向辅助控制	高度自动驾驶，高度网联化道路，路段全局优化
边缘计算	道路	I3+	I3+	I4
	车辆	V3	V3	V3+
	发展特征	信息传输融合，车辆信息和道路信息汇聚	终端计算，辅助自动驾驶	边缘计算决策协同，实现不同终端的数据计算融合，生成自动驾驶决策
高精地图	系统等级	S3+（技术推广）	S3+（大规模推广）	S4（大规模推广）
	发展特征	高精动态地图初步融合外部加载信息，实现云端信息可视化共享	进一步增强地图更新频率，与动态地图可覆盖区域，融合更多可用信息，向使用者个性化方向发展（为个人提供差异化信息）	动态高精度地图实现全路网范围覆盖，实现动态高精度地图的快速更新，数据发布和智能化应用，可在任意场景实现高精动态智能地图服务
高精定位	系统等级	S3+（技术推广）	S3+（大规模推广）	S4（大规模推广）
	发展特征	覆盖高海拔、沙漠和山脉地带等人口稀少的大面积区域	以低成本覆盖全球，为数十亿用户提供快速的厘米级定位	在全球的任何地区、任意场景中实现自动驾驶的动态厘米级定位
信息安全	系统等级	S3+	S4	S4+
	发展特征	端口防护：车路协同信息安全多域协同分析防护体系；传输防护：建立智能网联汽车 4G/5G 通信安全防护体系；云防护：建立应急响应机制，形成云平台标准防御体系	端口防护：车路协同端口信息安全网关产品研发；传输防护：研发智能网联汽车无线通信安全产品；云防护：进行威胁信息分析通过大数据分析，建立云平台防御体系	端口防护：推动安全网关产业化；建立智能网联车路协同端口信息安全认证体系；传输防护：建立智能网联汽车无线通信认证体系；云防护：建立智能网联汽车云端安全认证体系

注：I 表示服务道路等级，V 表示服务车辆等级，S 表示车路协同自动驾驶服务系统等级。

一、云平台

（一）系统云平台预期目标

1. 至 2025 年

（1）实现整体系统 S4 级的技术示范

1）完全协同决策，云端信息小范围交互。

2）范围：专用车道等主要道路（高速、公交、货运）。

（2）实现整体系统 S3+ 级的技术推广

1）高度协同决策，云端信息小范围交互。

2）范围：专用车道等主要道路（高速、公交、货运）。

（3）实现整体系统 S3 级的大规模推广

1）高度协同决策，云端信息小范围交互。

2）范围：专用车道等主要道路（高速、公交、货运）。

（4）协同决策

进一步提升云平台软硬件计算速度，通过完善子系统与算法的优化提升系统云的计算速度，通过车云与路云，达到与车路信息实时对接。达成在自动驾驶专用道上进行实时反馈与操作和实时系统辅助控制。利用来自车云、路云的信息以及系统云平台所储存的历史数据与各个子平台的反馈提出多场景、多种环境下的多种方案，结合系统云平台的仿真测试选出最优方案作为决策并快速下达与实施指令。

（5）云端信息小范围交互

随着车云路云以及通信技术（V2X、I2X）的完善，系统云将获取储存与分析大量宏观与微观的数据。系统云的主要任务是统筹与协调各个子系统，达到数据的高效利用，达成现状分析与下达指令的全面性。

2. 至 2035 年

（1）实现整体系统 S4+ 级的技术示范

1）完全协同决策，交通行业范围云端信息交互。

2）特定区域：试验场和园区。

（2）实现整体系统 S4 级的技术推广

1）完全协同决策，交通行业范围云端信息交互。

2）特定区域：试验场和园区。

（3）实现整体系统 S3+ 级的大规模推广

1）高度协同决策，交通行业范围云端信息交互。

2）特定区域：试验场和园区。

（4）协同决策

实现对于各种环境和情景下车辆各个方面的微观行为分析，快速计算并给予最佳决策，并下达指令，协调各个子系统与外部交通方面的云端系统，达成复杂环境下多层次、多群体的车路协同自动驾驶与实时反馈。

（5）交通行业范围云端信息交互

通过系统云平台实现车云、路云以及系统云的子系统与外部交通方面云端系统的信息完全融合。

3. 至 2045 年预期目标

（1）实现整体系统 S4++ 级的技术示范

1）完全协同决策，云端信息全范围交互。

2）范围：开放道路。

（2）实现整体系统 S4+ 级的技术推广

1）完全协同决策，云端信息全范围交互。

2）范围：开放道路。

（3）实现整体系统 S4 级的大规模推广

1）完全协同决策，云端信息全范围交互。

2）范围：开放道路。

（4）协同决策

考虑多层次和多目标的道路、车辆的微观行为快速计算并给予最佳决策并下达与执行指令，帮助协调全国范围各个领域内的云端系统信息，达成顾及各个方面的完整且协调的车路协同自动驾驶。

（5）云端信息全范围交互

系统云平台达成全国范围内与各个领域的云端系统信息的融合与交互。

（二）道路云平台预期目标

1. 至 2025 年

（1）实现道路等级 I4 的技术示范

可实现的功能：

1）高度自动驾驶。

2）高度网联化道路。

3）路段全局优化。

（2）实现道路等级 I3+ 的技术推广

可实现的功能：

1）有条件自动驾驶和高度网联化道路。

2）实现横纵向辅助控制。

(3) 实现道路等级 I3 的大规模推广

可实现的功能：

1）有条件的自动驾驶和高度网联化道路。

2）建立初步区域级数据云控平台，以收集存储路侧数据。

2. 至 2035 年

（1）实现道路等级 I4+ 的技术示范

可实现的功能：

1）高度自动驾驶。

2）与各个子系统之间融合。

3）与外部交通方面云端系统的融合。

（2）实现道路等级 I4 的技术推广

可实现的功能：

1）高度自动驾驶。

2）高度网联化道路。

3）路段全局优化。

（3）实现道路等级 I3+ 的大规模推广

可实现的功能：

1）有条件自动驾驶和高度网联化道路。

2）实现横纵向辅助控制。

3. 至 2045 年

（1）实现道路等级 I4++ 的技术示范

可实现的功能：

1）高度自动驾驶。

2）全国范围内与各个领域的云端系统达成对接与融合。

3）辅助整个路网的优化决策。

（2）实现道路等级 I4+ 的技术推广

可实现的功能：

1）高度自动驾驶。

2）与各个子系统之间融合。

3）与外部交通方面云端系统的融合。

（3）实现道路等级 I4 的大规模推广

可实现的功能：

1）高度自动驾驶。

2）高度网联化道路。

3）路段全局优化。

二、边缘计算

1. 至 2025 年

（1）道路等级：I3+

交通基础设施为自动驾驶车辆（自动化等级 1.5 及以上）提供了详细的驾驶指令，可以在特定场景/区域（如预先设定的时空域）实现有条件的自动化驾驶。

（2）服务车辆等级：V3

V3 车辆具备了有条件的自动化驾驶功能，驾驶员可以选择将车辆置于自动驾驶模式，并将操控责任转交给车辆，但驾驶员仍然需要在特定情况下接管控制。

（3）可实现的功能

信息传输融合，车辆信息和道路信息汇聚。为交通管理和决策提供了更全面、准确的基础，从而提高交通系统的效率和安全性。

（4）可实现的应用场景

在限定的场景内（如高速公路、封闭园区等），同时上传车辆数据和道路数据，信息融合，终端反馈感知。

（5）智能道路设施设计与建设/改造

大量布设路侧智能单元，车辆信息上传，平台信息融合反馈。

（6）技术与平台

终端传感技术，信息传输协议，信息融合。他们促进了终端设备之间的数据共享互联互通，为交通管理和决策提供了必要的支持。

（7）技术推广

推广技术范围至更广阔的地区。

2. 至2035年

（1）道路等级：I3+

交通基础设施为自动驾驶车辆（自动化等级1.5及以上）提供详细的驾驶指令，可以在特定场景/区域（如预先设定的时空域）实现有条件的自动化驾驶。

（2）服务车辆等级：V3

V3车辆具备有条件的自动化驾驶功能，驾驶员可以选择将车辆置于自动驾驶模式，并将操控责任转交给车辆，但驾驶员仍然需要在特定情况下接管控制。

（3）可实现的功能

终端计算，辅助自动驾驶。通过车辆内部的计算设备和系统，处理和分析来自车辆传感器的大量数据，并进行决策和控制车辆的行为。

（4）可实现的应用场景

在限定的场景内（如高速公路、封闭园区等），实现车辆行驶辅助建议。

（5）智能道路设施设计与建设/改造

大量布设路侧智能单元，车辆信息上传，平台信息反馈，边缘计算决策信息发送。

（6）技术与平台

多元数据融合，边缘计算，决策智能辅助。提升自动驾驶车辆感知、决策和执行水平，使其在复杂道路和交通环境中更加安全、可靠行驶。

（7）大规模推广

开始在全球大规模推广。

3. 至2045年

（1）道路等级：I4

交通基础设施为自动驾驶车辆（自动化等级1.5及以上）提供详细的驾驶指令，可以在特定场景/区域实现高度自动化驾驶。遇到特殊情况，由交通基础设施系统进行控制，不需要驾驶员接管。

（2）服务车辆等级：V3+

车辆的自动驾驶性能较高，驾驶员可以选择将车辆置于自动驾驶模式下，并将操控责任转交给车辆。然而，驾驶员仍然需要在少数特定情况下接管控制。

（3）可实现的功能

边缘计算决策协同，实现不同终端的数据计算融合，生成自动驾驶决策。使得决策生成更加智能化、精确化，并能够适应不同场景和复杂实际道路环境。

（4）可实现的应用场景

任意场景，包含隧道、封闭园区、地下停车场等，以及信号不良的地区。铺设完善终端覆盖，实现不同道路的自动驾驶建议，高度自动驾驶指导。

（5）智能道路设施设计与建设/改造

终端设置，路侧单元，通信协议，卫星定位，边缘计算运算，信息传输。

（6）技术与平台

多元数据融合，边缘计算，弹性计算，信息融合，决策产出。

（7）大规模推广

推广至全球任意角落。

三、高精度地图

1. 至 2025 年

（1）服务系统等级：S3+

服务系统在定位精度、可靠性和适用性等方面达到一定的高级水平，能够为自动驾驶车辆提供精准的定位服务。

（2）可实现的功能

高精动态地图初步融合外部加载信息，实现云端信息可视化共享。

（3）智能道路设施设计与建设/改造

布设路侧单元，卫星定位。用于收集和传输交通信息、车辆信息等数据以及实现对移动设备或物体位置的定位。

（4）技术与平台

高精度 POS+ 图像提取，结合定位服务和图像处理，可以在各种应用场景中发挥重要作用。

（5）技术推广阶段

扩大技术示范范围至更广阔的地区。

2. 至 2035 年

（1）服务系统等级：S3+

服务系统在定位精度、可靠性和适用性等方面达到一定的高级水平，能够为自动驾驶车辆提供精准的定位服务。

（2）可实现的功能

进一步增强地图更新频率，与动态地图可覆盖区域，融合更多可用信息。向使用者个性化方向发展，为个人提供差异化信息。

（3）智能道路设施设计与建设/改造

路侧单元，卫星定位。用于收集和传输交通信息、车辆信息等数据以及实现对移动设备或物体位置的定位。

（4）技术与平台

多元数据融合，高精度 POS+ 图像提取，高精度 POS+ 激光点云，边缘计算。

（5）大规模推广

开始在全国大规模推广

3. 至 2045 年

（1）服务系统等级：S4

服务系统在定位精度、可靠性和适用性等方面达到更高的水平，能够为自动驾驶车辆提供更加精准、可靠的定位服务。

（2）可实现的功能

动态高精度地图实现全路网范围覆盖，实现动态高精度地图的快速更新。数据发布和智能化应用。

（3）智能道路设施设计与建设/改造

云平台实体构建，终端设置，路侧单元，卫星定位。

（4）技术与平台

多元数据融合，高精度 POS+ 图像提取，高精度 POS+ 激光点云，边缘计算等。

（5）大规模推广

推广至全球任意角落。

四、高精度定位

1. 至 2025 年

（1）服务系统等级：S3+

系统在定位精度、可靠性和适用性等方面达到一定的高级水平，能够为自动驾驶车辆提供精准的定位服务。

（2）可实现的功能

高精度定位服务范围到覆盖高海拔、沙漠和山脉地带等人口稀少的大面积区域。

（3）可实现的应用场景

全球大范围地区实现高精度定位，智能路侧设施与 5G 基站实现大面积覆盖。

（4）智能道路设施设计与建设/改造

地基增强系统基站，5G 基站，路侧单元，室内定位基站。

（5）技术与平台

星基与地基增强技术一体化，5G 基站，路侧单元

（6）技术推广

推广技术范围至更广阔的地区

2. 至 2035 年

（1）服务系统等级：S3+

系统在定位精度、可靠性和适用性等方面达到一定的高级水平，能够为自动驾驶车辆提供精准的定位服务。

（2）可实现的功能

高精度定位服务实现全球覆盖，通信与定位功能一体化，以低成本为数十亿用户提供快速的厘米级定位。

（3）可实现的应用场景

智能路侧设施，星地增强系统和 5G 基站实现全球覆盖，与高精度地图结合协同车辆基本满足一般化场景的定位要求。

（4）智能道路设施设计与建设/改造

地基增强系统基站，5G 基站，路侧单元，室内定位基站。

（5）技术与平台

星基与地基增强技术一体化，多元数据融合，5G 基站，路侧单元。

（6）大规模推广

开始在全球大规模推广。

3. 至 2045 年

（1）服务系统等级：S4

系统在定位精度、可靠性和适用性等方面达到更高的水平，能够为自动驾驶车辆提供更加精准、可靠的定位服务。

（2）可实现的功能

在全球的任何地区、任意场景中实现满足自动驾驶需求的动态厘米级定位。

（3）可实现的应用场景

多种高精度定位方案融合，实现全球覆盖并协同车辆实现任意场景的动态厘米级定位。

（4）智能道路设施设计与建设/改造

云平台实体构建，终端设置，地基增强系统基站，5G 基站，路侧单元，室内定位基站。

（5）技术与平台

星基与地基增强技术一体化，多元数据融合，边缘计算，弹性云计算平台，汽车传感器融合定位技术。

（6）大规模推广

推广至全球任意角落。

五、信息安全

1. 至 2025 年

（1）道路等级：I3+

交通基础设施为自动驾驶车辆（自动化等级 1.5 及以上）提供详细的驾驶指令，可以在特定场景/区域（如预先设定的时空域）实现有条件的自动化驾驶。

（2）可实现的功能

1）端口防护：车路协同信息安全多域协同分析防护体系。

2）传输防护：智能网联汽车 4G/5G 通信安全防护体系建立，形成智能网联汽车通信协议统一规范。

3）云防护：建立应急响应机制，形成云平台标准防御体系。

（3）对应的自动驾驶环境

V2X 协同控制，实现高度自动驾驶。

（4）技术推广

推广技术范围至更广阔的地区。

2．至 2035 年

（1）道路等级：S4

交通基础设施为自动驾驶车辆（自动化等级 1.5 及以上）提供详细的驾驶指令，可以在特定场景/区域（如预先设定的时空域）实现高度自动化驾驶。遇到特殊情况，由交通基础设施系统进行控制，不需要驾驶员接管。

（2）可实现的功能

可实现完善的基于感知、决策、控制多域的智能网联车路协同信息安全架构。

1）端口防护：车路协同端口信息安全网关产品研发。

2）传输防护：研发智能网联汽车无线通信安全产品。

3）云防护：通过漏洞研究进行威胁信息分析通过大数据分析，建立云平台主动防御体系。

（3）对应的自动驾驶环境

V2X 协同控制，提高交通安全性、交通效率和驾驶体验，实现高度自动驾驶。

（4）大规模推广

开始在全球大规模推广。

3．至 2045 年

（1）道路等级：S4+

交通基础设施可以在数毫秒内为单个自动驾驶车辆提供周围车辆的动态信息和横、纵方向控制指令。在一般非特殊场景/区域混合交通场景下，实现大部分场景的高度自动化驾驶。

（2）可实现的功能

实现 100% 的智能网联车路协同系统满足信息安全标准。

1）端口防护：推动安全网关产业化；建立智能网联车路协同端口信息安全认证体系。

2）传输防护：建立智能网联汽车无线通信认证体系。

3）云防护：建立智能网联汽车云端安全认证体系。

（3）对应的自动驾驶环境

V2X协同控制，提高交通安全性、交通效率和驾驶体验，实现完全自动驾驶。

（4）大规模推广

推广至全球任意角落。

第三节　实施路径

一、云平台

（一）系统云平台实现路径

系统云平台是由车辆云计算和道路云服务共同构成信息交互的全过程，可以减轻自动驾驶车辆中央处理器的计算压力和复杂程度。云计算机制和强大的计算能力能够使其深度感知交通状况，通过对采集的数据信息的处理和反馈，为海量个体提供以个性动态导航服务、车辆运行决策服务为例的多类服务。具体实施时由以下功能组成。

1. 构建系统云平台的标准及系统框架

综合考虑车、道路云平台以及不同行业云平台标准体系的异同性，实现标准体系兼容制定；区分不同阶段、层级定位和适用范围，避免技术限制和行业发展的局限性，对标准构成能够进行动态调整和更新。

2. 统筹布局系统云平台子平台的研发

对云平台的产业资源进行统筹规划，推动跨领域、跨行业的车路协同云平台的建设，丰富云平台功能，达到不同阶段、不同层级云平台的支撑作用。

3. 攻关系统云平台协同优化及信息融合技术

加强多学科、跨行业的协作，发挥产学研优势，重点攻关车路协同云平台子平台相关研发与信息融合相关技术，加大对云平台相关基础研发和试点项目的资金和政策支持，以达到对于不同行业的信息互通，制定主动交通诱导或管控策略，缓解交通拥堵，提高运行效率，保障交通安全。

（二）道路云平台实现路径

无论是智能驾驶车辆技术发展还是智慧道路建设，仅从一个方面入手，无法保证智能驾驶的绝对安全。道路云平台应具备道路感知体系、全路段高精度定位与高精度地图、全路段路侧通信体系、云端监控与计算平台体系。

路侧端进行全路段交通态势感知,并将感知结果通过通信传递给自动驾驶车辆进行决策,为自主决策自动驾驶车辆的感知系统提供路侧数据支撑,为自动驾驶保驾护航。道路云平台实现步骤如图 6-2 所示。

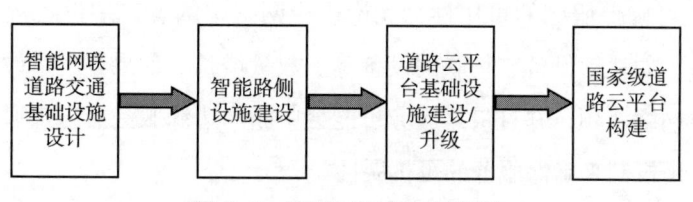

图 6-2 道路云平台实现步骤

下面对图 6-2 进行具体说明:

1)智能网联道路交通基础设施设计:①不同道路类型的公路结构构造物设计(路基、路面、桥涵、隧道);②不同道路类型的交通工程及沿线附属设施设计(道路标志、标线、标牌);③不同道路类型的能源系统设计;④不同道路类型的通信系统设计。

2)智能路侧设施建设:①不同道路类型的智能红绿灯;②不同道路类型的电子收费;③不同道路类型的电子信息屏;④不同道路类型的路侧感知设备(传感、监测等)。

3)道路云平台基础设施建设/升级:①不同道路类型的智能路侧交通管理与控制平台基础设施建设/升级;②不同道路类型的智能路段交通管理与控制平台基础设施建设/升级;③不同道路类型的智能区域交通管理与控制平台基础设施建设/升级。

4)国家级道路云平台构建:①不同省份道路云平台的统一合并;②不同道路等级的道路云平台的统一合并。

二、边缘计算

边缘计算架构如图 6-3 所示。边缘计算是真正能够达到实时处理的技术方法,其最大的优势是可靠性高、安全及隐私性高、传输成本低、实时性好、高效协同。为实现该目标需注意以下 3 个方面。

(一)标准协议

标准化为研究人员和行业带来开放式环境,使能在统一平台上进行工作。移动边缘计算是还没有实现的最新技术。所以，需要为移动边缘计算创建标准化开放环境，将允许移动边缘计算平台与传统应用程序无缝和熟练的集成。

（二）可扩展性

可伸缩性可确保服务的可用性，无论边缘网络中的客户端设备数量多少。近年来，边缘设备（如移动设备、物联网设备等）数量增长，如果有大量设备同时访问服务，这将牵连网络瓶颈，并且最终服务可能会中断。边缘服务器应该通过对服务器集群应用负载平衡机制来确保服务的可扩展性。

（三）安全性

安全性是移动边缘计算中的一个挑战性问题。应用程序部署在边缘网络的计算平台上，应该验证访问用户是否符合权限。

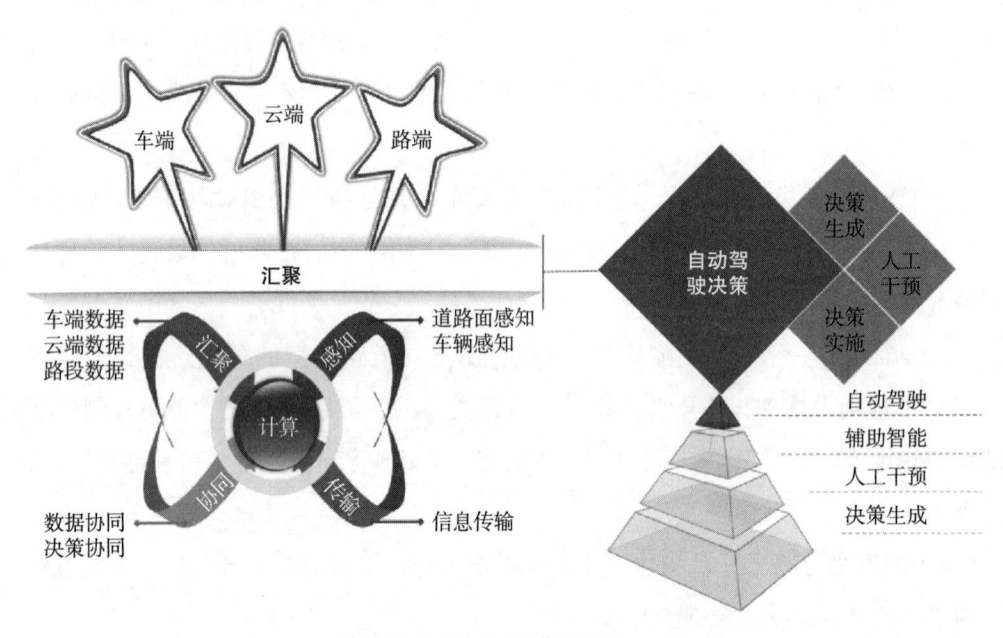

图 6-3　边缘计算架构

三、高精度地图

高精度地图作为实现自动驾驶的关键能力之一，其将成为对自动驾驶现有传感器的有效补充，为车辆提供更加可靠的感知能力。高精地图结构如图 6-4 所示。与传统的导航地图相比，服务于自动驾驶的高精度地图在各方面要求更高，并能配合传感器和算法，为决策层提供支持。

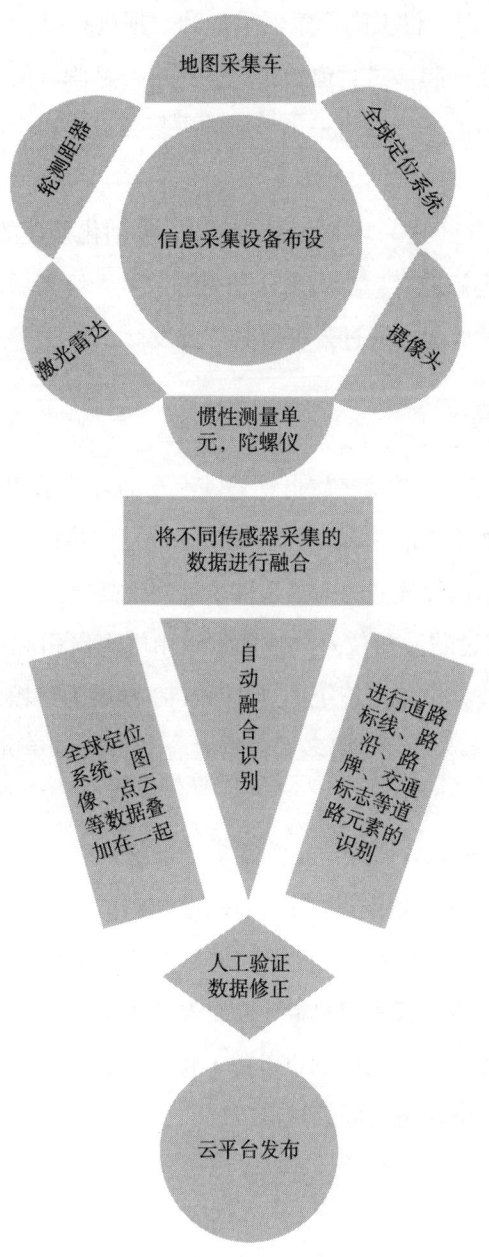

图 6-4 高精地图结构

为实现高精地图通常需要以下步骤：

1）信息采集设备布设：激光雷达、摄像头、惯性测量单元（陀螺仪）、全球定位系统、轮测距器、高精度地图采集车、高级驾驶辅助系统地图采集车，HAD 高精度地图采集车。

2）自动融合、识别：将不同传感器采集的数据进行融合；将全球定位系统、点云、图像等数据叠加在一起，进行道路标线、路沿、路牌、交通标志等道路元素的识别。对于在同一条道路上下行双向采集带来的重复数据，也会在这一环节进行自动整合和删除。

3）人工验证、发布：这一环节由人工完成。自动化处理的数据还不能达到100%的准确，需要人工在进行最后一步的确认和完善。对于修正后的数据，需要上传到云端，最终形成的高精度地图也通过云平台进行分发。

四、高精度定位

高精度定位的方法上，其实是将自动驾驶汽车的环境感知结果与高精地图进行对比，得到车辆在高精地图中的精确位置和姿态。高精定位结构如图 6-5 所示。实现高精定位是自动驾驶汽车路径规划的前提条件。为实现高精定位需注意以下几个方面。

1）提升精度：通过载波相位差分技术校正由电离层引起的全球导航卫星系统定位误差，将载波相位差分技术由传统的 1+1 或 1+2 发展为广域差分系统以提高载波相位差分测量精度和测量范围。利用多元数据融合，将路侧单元、5G 等多种定位方案融合共同解算出车辆的位置信息。

2）保证时效性：提高数据传输系统容量，增强网络连接质量，确保在人口稠密地区大量用户同时使用高精度定位系统的时效性。

3）全球覆盖：在地面大量建立固定的地基参考站来扩大地基增强系统的覆盖范围，在低地球轨道上发射、安装卫星群。整合基于地面增强和基于卫星增强之间的通信和导航，从地基参考站获取到的校正参数上传至卫星，再通过卫星向全球播发，从而为地球的每个角落提供高精定位信号覆盖。

五、信息安全

通过构建基于多层纵深防御体系的信息安全解决方案，并将从 4 个重点层面实现。

（一）对外通信层

完整的公钥基础设施体系为参与自动驾驶系统的设备签发证书，提供必需的密钥和证书管理服务。自动驾驶系统的设备之间、车端跟云端之间进行安全通信，确保通信数据的保密性、完整性、身份真实性和防篡改。安全升级套件保证空中下载技术的安全可靠。

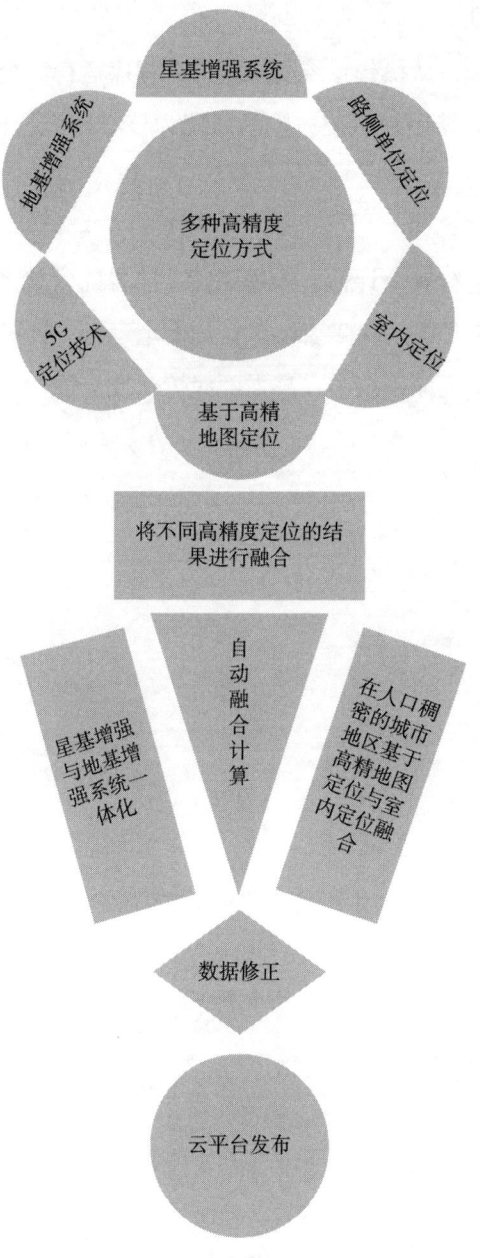

图 6-5　高精定位结构

（二）接入网关层

专用的车载安全网关对车载网络和互联网、车载子网络之间进行隔离、访问控制，并鉴别指令、发现并且阻止异常的网络行为及非可信车辆的操作指令，保证车载网络安全。

（三）车内应用层

基于芯片硬件安全，从操作系统引导到应用程序运行，全程进行可信度量，防止操作系统核心应用、数据等被篡改；隐私系统为核心知识产权 IP 和重要商业价值数据提供保护。

（四）云端信息安全

通过对云端平台进行安全评估、渗透测试、部署抗分布式拒绝服务、网络应用防火墙及安全日志分析工具等，保障云端平台的安全运行。针对移动应用，利用内存混淆技术、专利性的虚拟机加密技术、高强度保护壳技术等，来确保应用不会被黑客利用进行车辆攻击。

第七章

未来的挑战

本书通过对车路协同自动驾驶相关定义内涵、技术架构和技术发展现状的系统梳理、更新和完善，在对相关技术产业现状和发展趋势分析的基础上，制定了面向2035年和2045年的发展预期、愿景与发展路径，以期为智慧交通及自动驾驶相关产业的可持续发展、快速转型升级提供决策参考依据。车路协同自动驾驶技术是汽车、电子、信息通信、道路交通运输等多行业深度融合的新型产业形态，涉及众多学科和技术领域，是高度的多学科交叉及融合产物。鉴于本书的研究目标和定位，编委会也深刻意识到，除具体技术层面外，真正的自动驾驶技术落地还面临诸多待解决问题和挑战。

第一节 政策、法律法规、社会伦理

基于车路协同的自动驾驶交通系统将经历单点试验、逐步扩大到完全改变道路交通系统的长期过程，不同阶段的技术特性、交通特征均大不相同，因此需要基于产业整体发展战略，准确把握发展各个阶段的特征，围绕产品与市场准入、基础设施建设、运输市场管理等环节建立框架，适时修订制约产业发展的制度规章，推动制定控制安全风险并有利于产业创新的法规，形成完备的车路协同自动驾驶政策法规体系，科学有序推进车路协同自动驾驶从实验室有序进入成熟市场。

相比于自动驾驶行业的技术发展速度，相关法律法规立法工作稍显滞后。已出台的相关政策性文件除《公路法》和《公路安全保护条例》，主要是自动驾驶车辆的路测规范及部分的行业标准，对于现有道路交通安全法的修订、隐私权保护、网络信息安全等方面还没有实质性进展。

相对而言，美国、德国、日本等传统汽车强国也在积极推动相关法律法规的制修订工作，以更好地适应自动驾驶时代的需求。在美国，为减少各州立法对自动驾驶行业所造成的阻碍，美国众议院在 2017 年 9 月一致通过了《自动驾驶法案》，该法案修订了美国交通法典，规定了美国国家道路安全管理局对于自动驾驶汽车的监管权限，表明联邦立法者开始认真对待自动驾驶汽车及其未来。在德国，联邦运输和数字基础设施部于 2017 年发布了极具独创性的 20 条《自动化和网联化车辆交通道德准则》，联邦参议院还在同年通过了《道路交通法第八修正案》，首次将自动驾驶概念引入法典。在日本，2016 年颁布了《自动驾驶汽车道路测试指南》，并于 2021 年对《道路交通法》进行了修订，以适应自动驾驶时代的需要。

第二节 行业技术标准与效能评价体系

车路协同自动驾驶的效能评价体系是进行车路协同自动驾驶相关技术与方法评价的关键，可以为车路协同自动驾驶的系统优化提供技术支撑。基于此，车路协同自动驾驶生态环境的顶层产业标准体系设计将为相关自动驾驶技术产业的发展指明方向。

在效能评价体系构建方面：①车路协同自动驾驶技术需要充分融合智能网联、自动驾驶，以及多种支撑技术，为此需要深入研究其应用效能计算方法，从而为效能评价奠定基础；②基于交通效率、交通安全、环境 3 个核心问题，针对车路协同自动驾驶技术的技术特征，开展效能评价内涵、评价体系和综合评价方面的研究工作；③车路协同自动驾驶技术发展动能的产业驱动效果分析，需重点关注传统交通与互联网企业联合产生的创新业态、5G 通信产业、高精度地图产业等。

伴随车路协同自动驾驶效能评价体系的完善和相关技术应用的日益成熟，车辆自动驾驶系统逐渐由车载智能系统向车路协同智能系统转变，车辆与道路等基础设施间的众多智能系统相互连通并协同工作，其生态复杂性和实现难度更大，从而为相关产业技术标准的制定提出了更高要求。目前，车路协同自动驾驶相关的标准体系还缺乏明确、详细的系统设计和划分，对相关技术的产业化推广应用造成了很大障碍。同时，产业的发展也亟须制定出台国家层面的车路协同自动驾驶传感器、网络通信、高精度地图及应用、网络安全及信息服务、高等级自动驾驶汽车产品认证和全寿命周期监管等技术标准。

第三节　共性基础技术创新及关键技术突破

车路协同自动驾驶涉及智能网联道路、智能网联汽车、智能通信、高精地图等众多技术领域，是相关技术的高度集成和应用。

目前，围绕"自动驾驶"这一主题，相关技术领域分别基于自身的技术特点和优势，提出了各自可行的自动驾驶解决方案。总体来看，各方案在"信息感知→方案决策→执行控制"这一自动驾驶功能实现的研究主导思想是一致的，差异性主要体现在各功能的具体实现方式上。然而，就车辆自动驾驶系统功能实现所涉及的共性技术而言，诸如运行设计域、自动驾驶系统的可靠性、鲁棒性、韧性等方面的设计和评估是各类技术方案都必须面对和解决的关键环节。

自动驾驶"最后5%"的长尾问题遍布于零碎的场景、特殊极端情况和永远无法预测的人类行为，在算法、传感器、计算平台和法规的不同层面，均困扰着学界和业界。以运行设计域为例，实验室实验和真实应用场景的认知差异巨大，这使得即使是满足了100%准确率的实验，在现实生活中也不一定可行。同时，除实验室与真实场景的差异，各类不同的真实场景间也存在差异，即使在某个城市进行了自动驾驶的成功试验，也并不意味着可以在另一个城市复制成功经验。不同的社会、城市、驾驶环境和驾驶风格都会影响自动驾驶的运行情况。

为此，基于对车路协同自动驾驶系统的详细分解，构建共性的车路协同自动驾驶基础技术协同创新平台，整合各技术领域的优势，进行车路协同自动驾驶领域的共性关键核心技术攻坚，这对于关键零部件企业的发展具有重要的行业发展引领作用。

第四节　金融服务体系

目前，车路协同自动驾驶的创新产业服务主要分为3个部分。

一、基础能力层面

车路协同的落地实施需要依托人工智能技术和云计算资源为车路协同打造闭环能力。同时，随着5G的快速普及，基于边缘计算的车联网V2X架构将在出行场景有着广阔的应用。

二、平台服务层面

模拟仿真服务、高精地图服务、移动边缘计算开源服务、自动驾驶服务等应用环境，为车路协同提供技术支持和应用落地，有效提升车路协同的安全性和效率。

三、业务应用层面

基于场景驱动、智能交互、个性化推荐服务等应用，可以进一步加强对用户需求的理解，以及对真实时间和空间场景的理解。一方面，向用户及时推送实时路况信息、高精定位、辅助安全驾驶等能力；另一方面，结合具体应用场景，把互联网的相关服务直接面向客户主动推送，从"人找服务"向"服务找人"进行转型。

从自动驾驶技术和车路协同的发展来看，越来越多的互联网企业和通信企业开始布局。就参与方式来讲，由于每个入局企业自有的生态系统不同，面对智能交通，其发展诉求也不尽相同。未来，车路协同自动驾驶产业应着重关注：①打造交通联盟链，实现良性合作生态：传统的中心化系统，各中心间利益难以平衡，数据资产很难共享，难以形成合作，以应用区块链为基础组建交通联盟链，通过细化共识规则，各参与方数据可实现对等性共享，各方在系统主体中地位平等，更有利于打造良性合作生态；②实现交通数据资产化，促进交通金融场景融合：可通过物流链连接产业链，通过金融产品实现多链间的业态融合，充分体现金融作为产业润滑剂的作用，进一步服务实体经济，实现数字经济下的普惠金融服务。

第五节 生态圈建设

车路协同自动驾驶生态系统建设对于车辆自动驾驶系统相关技术的研发、示范创新和大规模产业应用具有极其重要的作用，未来应在以下方面进行重点关注。

一、面向产品端的产业链生态圈

面向产品端的产业链生态圈建设工作的挑战主要包括：组建车路协同自动驾驶产业联盟，理顺规模庞大的车路协同自动驾驶产业链，在统一顶层规划设计的基础上加强车、路、通信、云计算等各产业的协同、合作发展，共同推动全球车路协同自动驾驶应用场景的快速落地。

二、面向产业链投资的基金生态圈

面向产业链投资的基金生态圈建设工作的挑战主要包括：车路协同自动驾驶行业涵盖电气、通信、制造和互联网等行业的先进技术，相关新技术在此行业的应用和实验会不断出现，新的参与者在此领域也会不断出现，积极利用行业的地位和资源，组建基金生态圈，协助基金行业在此产业链中挖掘和推荐优质项目和投资机会。

三、各类示范工程和产业园的协同

伴随各省市不断高涨的各类车路协同自动驾驶示范工程的建设需求，各地政府和产业园建立自动驾驶产业园的各种意向和需求进一步提升，因此在产业链生态圈和基金生态圈的基础上，需要共同承建各类示范工程和产业园，以满足车路协同自动驾驶相关技术的各类示范工程需求。

名词术语

Active Traffic Management　主动交通管理　ATM
Adaptive Cruise Control　自适应巡航控制　ACC
Advanced Driver Assistance System　高级驾驶辅助系统　ADAS
Advanced Safety Vehicle　先进安全车辆　ASV
Automated Highway System　自动公路系统　AHS
Autonomous Emergency Braking　自主紧急制动系统　AEB
Autonomous Vehicle　自主驾驶车　AV
Collaborative Automated Driving（CAD）System　车路协同自动驾驶系统的智能等级　S
Connected Automated Vehicle Highway　车路一体化自动驾驶系统　CAVH
Connected Intelligent Transport Environment　互联和智能交通环境　CITE
Connected Vehicle　网联车　CV
Cooperative Adaptive Cruise Control　协作式自适应巡航控制　CACC
Cooperative Vehicle Infrastructure Systems　基于合作的车路系统　CVIS
Dedicated Short Range Communications　专用短程通信技术　DSRC
Device to Device　设备到设备　D2D
Driverless Vehicle　无人驾驶车　DV
Dynamic Map Platform　动态地图平台　DMP
Edge Computing Consortium　边缘计算产业联盟　ECC
Electronic Toll Collection　电子收费　ETC
European Road Transport Research Advisory Council　欧洲道路交通研究咨询委员会　ERTRAC
Global Positioning System　全球定位系统　GPS
Inertial Measurement Unit　惯性测量单元　IMU

Infrastructure　基础设施　I

Infrastructure as a Service　基础设施即服务　IaaS

Infrastructure to Cloud　智能道路设施-互联网　I2C

Infrastructure to Everything　基础设施连接一切　I2X

Infrastructure to Infrastructure　基础设施间通信　I2I

Infrastructure to Pedestrian　智能道路设施-行人　I2P

Infrastructure to Vehicle　路车通信　I2V

Institute of Electrical and Electronics Engineers　美国电气和电子工程师协会　IEEE

Integration of Vehicle and Road　车路一体化　IVR

Intelligent Connected Transportation System　智能网联交通系统　ICTS

Intelligent Connected Vehicle/Connected Automated Vehicle　智能网联车　ICV/CAV

Intelligent Vehicle-road Cooperative System　智能车路协同系统　IVCS

Internet of Vehicle　车联网　IV

Lane Keeping Assistance　车道保持辅助　LKA

Light Detection and Ranging　激光探测与测量　LiDAR

Long-Term Evolution　长期演进技术　LTE

New Radio　新空口　NR

Operational Design Domain　运行设计域　ODD

Original equipment manufacture　原厂委托制造　OEM

Platform as a Service　平台即服务　PaaS

Proportional-Intergoal-Derivative　比例-积分-微分　PID

Road Side Unit　路侧设备　RSU

Roadside Intelligent Unit　路侧智能单元　RIU

Society of Automotive Engineers　美国汽车工程师学会　SAE

Society of Automotive Engineers International　国际汽车工程学会　SAE

Software as a Services　软件即服务　SaaS

Strategic Transport Research and Innovation Agenda　战略交通研究与创新议程　STRIA

Study Item　研究项目　SI

Target and Accident Detection and Response　目标和意外的检测与响应　TADR

The 4th Generation Mobile Communication Technology-long Term Evolution　第4代移动通

信技术 –LTE 网络制式　4G–LTE

The 5th Generation Mobile Communication Technology　第 5 代移动通信技术　5G

Variable Message Sign　可变情报板　VMS

Variable Speed Limit　可变限速控制　VSL

Vehicle Information and Communication System　道路交通信息通信系统　VICS

Vehicle Infrastructure Integration　车路协同　VII

Vehicle to Everything　车与万物相连　V2X

Vehicle to Infrastructure　车辆连接基础设施　V2I

Vehicle to Network　车 – 网互联　V2N

Vehicle to Pedestrian　车 – 行人互联　V2P

Vehicle to Vehicle　车车互联　V2V

Verband der Automobilindustrie　德国汽车工业协会　VDA

Work Item　工作项目　WI

参考文献

[1] 国际自动机工程师学会. SAE J3016 标准道路机动车驾驶自动化系统分类与定义［S/OL］.［2024-03-11］. http://standards.sae.org/J3016 201609.

[2] 李克强，戴一凡，李升波，等. 智能网联汽车（ICV）技术的发展现状及趋势［J］. 汽车安全与节能学报，2017，8（1）：1-14.

[3] 冉斌，何蜀燕，程阳，等. 自动驾驶专用车道自动、手动模式切换系统及其应用：201910279021.4［P］. 2019-06.

[4] 冉斌，谭华春，张健，等. 智能网联交通技术发展现状及趋势［J］. 汽车安全与节能学报，2018，9（2）：119-130.

[5] 日本国土交通省. 自动驾驶汽车安全技术指南［R］. 2018.

[6] 张毅，姚丹亚. 基于车路协同的智能交通系统体系框架［M］. 北京：电子工业出版社，2015.

[7] 中国公路学会自动驾驶工作委员会，自动驾驶标准化工作委员会. 车路协同自动驾驶系统分级与智能分配定义与解读报告（征求意见稿）［R］. 2020.

[8] 中国公路学会自动驾驶工作委员会，自动驾驶标准化工作委员会. 智能网联道路系统分级定义及解读报告（征求意见稿）［R］. 2019.

[9] 中国公路学会自动驾驶工作委员会. 车路协同自动驾驶发展报告［R］. 2019.

[10] 中国汽车工程学会. 智能网联信息安全白皮书［R］. 2016.

[11] 中国汽车工程学会. 中国智能网联汽车技术路线图［R］. 2020.

[12] 中国信息通信研究院. 车联网白皮书［R］. 2018.

[13] 中国信息通信研究院. 云计算发展白皮书［R］. 2019.

[14] 中国智能网联汽车产业创新联盟自动驾驶地图与定位工作组. 自动驾驶地图与定位技术产业发展报告［R］. 2019.

[15] Ding F, Ran B, Cheng Y, et al. Systems And Methods For Driving Intelligence Allocation Between Vehicles And Highways：US Patent 62669215［P］. 2018-05-09.

[16] ERTRAC Working Group. Connected Automated Driving Roadmap［R］. 2019.

[17] IMT-2020（5G）推进组. C-V2X 白皮书［R］. 2018.

[18] IMT-2020（5G）推进组. 车辆高精度定位白皮书［R］. 2019.

[19] Li S, Ran B, Cheng Y, et al. Intelligent Roadside Toolbox: US Patent 17192529 [P]. 2021-10-07.

[20] Ran B, Cheng Y, Leight S, et al. Development of an Integrated Transportation System of Connected Automated Vehicles and Highways (CAVH) [J]. ITE Journal, 2019 (11): 37-42.

[21] Ran B, Cheng Y, Li S, et al. Connected Automated Vehicle Highway Systems and Methods: US Patent 10380886 [P]. 2019-08-13.

[22] Ran B, Cheng Y, Li S, et al. Intelligent Road Infrastructure System (IRIS): Systems And Methods: US Patent 10692365 [P]. 2020-01-30.

[23] Ran B, Li S, Cheng Y, et al. Distributed Driving Systems and Methods for Automated Vehicles: US Patent 11741834 [P]. 2023-08-29.

[24] SAE International. SAE J3216 Taxonomy and Definitions for Terms Related to Cooperative Driving Automation for On-Road Motor Vehicles [S/OL]. [2021-07-16]. https://www.sae.org/standards/content/j3216_202107.

[25] US. Department of Transportation. Ensuring American Leadership in Automated Vehicle Technologies: Automated Vehicles 4.0 [R]. 2020.

[26] US. Department of Transportation. Preparing for the Future of Transportation: Automated Vehicles 3.0 (AV 3.0) [R]. 2018.